러·한 단어장

문예림

러·한 단어장

전혜진 지음

저자 소개

전혜진

한국외국어대학교 노어과와 통역번역대학원 한노과를 졸업한 후, 동대학교 일반대학원 박사과정을 수료하고 러시아 모스크바국립대학교에서 러시아어언어학 박사학위를 받았다.

현재 중앙대학교 글로벌 대학원 한러 전문통번역학과 교수로 재직 중이며, 국제회의 통역사와 번역가로 활동 중이다. 1999년부터 2003년까지 EBS 교육방송 라디오 러시아어 회화의 집필과 진행을 맡았으며, 러시아어 교육 방법론 연구와 교재 개발에 많은 관심을 기울이고 있다.
「외국인을 위한 러시아어 능동문법 연구」,「현대 러시아어의 변화경향」,「한노 동시통역 전략 연구」,「러시아 영상번역 연구」등 러시아어 교육학, 의미론, 통번역학 관련 논문이 다수 있으며, 저서로는 10여권 이상의 EBS 라디오 러시아어 회화 교재와「노래로 배우는 러시아어」,「꿩 먹고 알 먹는 러시아어 첫 걸음」,「러시아어 회화사전」,「영어 대조 러시아어」,「프레쉬 러시아어 문법」등 다수가 있다. 역서로는「스크린 러시아어 - 형제」,「러시아 문화 세미나」,「러시아 문학 단편선」등이 있다.

러 한 단어장

초 판 인 쇄 : 2012년 5월 25일
초 판 발 행 : 2012년 5월 30일
저 자 : 전 혜 진
발 행 인 : 서 덕 일
펴 낸 곳 : 도서출판 문예림
디 자 인 : 디자인콩
등 록 : 1962. 7. 12 제2-110호
주 소 : 서울특별시 광진구 군자동 1-13 문예하우스 101호
전 화 : (02)499-1281~2
팩 스 : (02)499-1283
http://www.bookmoon.co.kr, www.ebs.co.kr
E-mail : book1281@hanmail.net

ISBN 978-89-7482-652-9 (13790)
*잘못된 책이나 파본은 교환해 드립니다.

머리말

러시아어를 할 줄 안다는 것은 러시아어로 듣고 쓰고 읽고 말할 줄 아는 것을 의미합니다. 이러한 러시아어 소통능력을 향상하기 위해서는 어휘실력이 밑바탕이 되어야 합니다. 언어학자 데이비드 윌킨스(David Wilkins)는 "문법 없이는 의미 전달이 힘들고, 어휘 없이는 아무 것도 전달할 수 없다"라고 주장하며 어휘 학습의 중요성을 강조하였습니다.

모든 외국어 학습은 단어에서 시작됩니다. 하나의 단어에서 외국어 학습의 길이 열립니다. 외국어 초급 학습자에게 단어는 집을 짓기 위해 벽돌 한 장 한 장을 쌓아 올리는 것과 같습니다. 특히 러시아어 초급 학습자에게 러시아어 단어는 의미 파악하기 어렵고, 암기하기 어렵고, 사용하기 어려운 넘지 못할 산처럼 보입니다. 러시아어 단어와 관련된 이러한 학습의 문제점을 해결하기 위해 러시아어 학습 초보자의 입장을 고려하여 「초보자를 위한 러시아어-한국어 단어장」을 엮었습니다.

「러시아어-한국어 단어장」은 학습자가 원하는 단어를 즉석에서 찾아 볼 수 있도록 러시아어 알파벳순으로 구성하였습니다. 러시아어의 자유로운 의사소통을 위하여 주로 일상생활에서 사용되는 빈도수 높은 어휘와 표현을 담고 있습니다. 또한 초급 러시아어 단계에서 반드시 알아 두어야 할 필수문장, 러시아어 기본 회화 패턴도 소개하고 있습니다. 그와 함께 「러시아어-한국어 단어장」은 단순히 단어를 나열한 것이 아니라, 단어를 결합하는 능력, 단어를 능동적으로 사용하는 능력을 배양하는 것에 초점을 맞추었습니다.

「초보자를 위한 러시아어-한국어 단어장」이 러시아어 단어 학습의 어려움을 해소하고, 단순히 러시아어 단어만 암기하는 것이 아니라, 러시아어로 듣고 쓰고 읽고 말하는 의사소통 능력 배양을 위한 토대가 되길 바랍니다.

2012년 5월
전혜진

목차

А	10
Б	18
В	31
Г	51
Д	58
Е	71
Ж	73
З	77
И	88
К	95
Л	112
М	117
Н	128
О	145

П	162
Р	198
С	212
Т	242
У	253
Ф	263
Х	267
Ц	270
Ч	274
Ш	277
Щ	280
Э	281
Ю	284
Я	285

러·한 단어장

A

а
[아]

접 ①(대립)…이지만, …하지만
②(연결)…고, 그런데 ③그래서

абрико́с
[아브리꼬스]

살구, 살구나무

абсолю́тный
[압살류뜨느이]
[압살류뜨느이 슬루흐]

형 절대적인, 완전한
~ый слух 절대음감

абстра́ктный
[아브스트락뜨느이]

형 추상적인

ава́рия
[아바리야]

여 사고, 파손, 고장

авиакомпа́ния
[아비아깜빠니야]

여 항공회사

авиапо́чта
[아비아뽀치따]

여 항공우편

авиа́ция
[아비아찌야]

여 항공

Австра́лия
[압스뜨랄리야]
[압스뜨랄리에쯔]
[압스뜨랄리이까]

여 호주
남 австрали́ец
여 ~ли́йка 호주사람

авто́бус
[아프또부스]

남 버스

автоматиза́ция
[아프또마찌자찌야]

여 자동화

автомоби́ль
[아프따마빌]

남 자동차, 차

а́втор
[아프따르]

남 저자, 필자, 작성자

авторите́т
[아프따리뗏]
[뽈자밧짜 아프따리쩨땀;
아프따리]
[뺏브 피지께]

남 ①위신, 권위 ②전문가, 권위자
по́льзоваться ~ом 권위가 있다;
~ в фи́зике 물리학의 대가

áвторский
[아프따르스끼이]
[아프따르스까예 쁘라바]

형 저자의, 필자의
~ое пра́во 저작권

автостоя́нка
[아프따스따얀까]

남 주차장

автостра́да
[아프따스뜨라다]

여 고속도로

а́вгуст
[아브구스트]

남 8월
형 а́вгустовский

аге́нтство
[아겐스트바]

중 대리점, 지점, 취급점

агра́рный
[아그라르느이]

형 농업의, 농민의, 농지의
~ый вопро́с 농업문제
~ая рефо́рма 토지개혁
~ая страна́ 농업국가

агре́ссия
[아그레씨야]

여 침략, 침범

адапта́ция
[아답따찌야]

여 적응, 순응

адвока́т
[아드보까트]

남 변호사, 변호인

администра́тор
[아드미니스트라떠르]

남 관리자

администра́ция
[아드미니스트라찌야]

여 행정, 행정기관, 행정부, 관리기관

а́дрес
[아드레스]

남 주소

адреса́т
[아드레싸트]

남 수신인

а́збука
[아즈부까]

남 ①자모 ②부호 ③기초, 초보

Азербайджа́н
[아지르바이쨘]
[아지르바이좌네쯔]
[아지르바이쨘까]

남 아제르바이잔
남 азербайджа́нец
여 ~ка 아제르바이잔 사람

А́зия
[아지야]
[아지앗스키]

여 아시아
형 азиа́тский

акаде́мия
[아카데미야]

여 ①아카데미
②대학, 전문학교, 연구소

акт
[악트]

남 ①행위, 동작 ②법규, 규정
③조서, 문서 ④(연극의) 막

актёр
[악쬬르]

남 배우

акти́вный
[악찌브느이]

형 ①능동적인, 적극적인
②활발한, 진취적인

акционе́рный
[악찌아네르느이]
[악찌아네르너에 옵쉐스트버]

형 주권의, 주식의

~oeо́бщество 주식회사

актри́са
[악트리사]

여 여자배우

актуа́льный
[악뚜알느이]

형 ①현실의, 실재의 ②절박한, 당면한

акушёр
[아꾸쇼르]

남 산부인과 의사, 산파

акце́нт
[악쩬트]

남 ①액센트, 역점
②(외국어로 마랄때의)말, 억양

а́кция
[악찌야]

여 주식

алкого́лик
[알까골릭]

남 알코올중독자

алкого́ль
[알까골릭]

남 알코올중독자

алкого́ль
[알까골]
- 남 알코올, 주정

аллерги́я
[알레르기야]
- 여 〈의학〉 알레르기

алло́!
[알로!]
- 여보세요(전화의)
= слушаю; слушайте

алфави́т
[알파빗]
[빠 알파비뚜]
- 남 알파벳, 자모
по ~ту 알파벳 순으로

альбо́м
[알봄]
- 남 앨범, 사진첩

алюми́ний
[알류미니이]
- 남 알류미늄

алья́нс
[알리얀스]
- 남 동맹, 연합

Аме́рика
[아메리까]
[아메리까네쯔]
[아메리깐까]
- 여 미국
- 남 америка́нец
- 여 ~ка 미국사람

анализи́ровать
[아날리지라바찌]
- 불완 완 분석하다, 해석하다, 분해하다

аналоги́чный
[아날러기치느이]
[아날러기치느이 슬루챠이]
- 형 비슷한, 유사한, 같은
~ый слу́чай 유사한 경우

анана́с
[아나나스]
- 남 파인애플

а́нгел
[안겔]
- 남 천사

англи́йский
[안글리스끼이]
[안글리스까야 리쩨라뚜라]
[안글리스끼이 이직]
- 형 영국의, 영국사람의
~ая литерату́ра 영문학
~ий язы́к 영어

A

анегдо́т
[아네그돗]

남 일화, 우스운 이야기

анима́ция
[아니마찌야]

여 애니메이션

анке́та
[안케따]

여 조사, 조회, 앙케이트

Анта́рктика
[안따르찌까]

여 남극(지방)

антибио́тик
[안찌비오찍]

남 항생제

анти́чный
[안찌치느이]

형 고대의, 고대그리스·로마의

анто́ним
[안또님]

남 〈언어〉 반의어, 반대말
(**сино́ним**의 반대)

апельси́н
[아뻴씬]

남 오렌지, 귤

аплоди́ровать
[아쁠라지로바찌]
[아쁠라지로바찌 악쪼루]

불완 кому́-чему́ 박수를 보내다,
갈채하다.
~ актёру 배우에게 박수를 보내다.

аплодисме́нты
[아쁠로디스몐띄]
[부르늬에 아쁠로디스몐띄]

복 박수, 갈채
бу́рные ~ 우뢰와 같은 박수

аппара́т
[아빠라뜨]
[뗄레폰느이 아빠라뜨]
[가수다르스트벤느이 아빠라뜨]

남 ①기구, ②기계 기관, 기구, ③시설
телефо́нный ~ 전화기
госуда́рственный ~ 국가기관

аппети́т
[아뻬쩻]
[쁘리야뜨너버 아뻬쩨따!]

남 식욕, 밥맛, 입맛
прия́тного ~a! 많이 드세요!
(식사 중 인사)

апре́ль
[아쁘렐]

남 4월

аптéка
[압쩨까]
여 약국

аптéкарь
[압쩨까리]
여 약사

арбýз
[아르부스]
남 수박

арéнда
[아렌다]
여 세, 임차

арендовáть
[아렌다바찌]
불완 **완** 세내다, 임차하다

арéст
[아레스트]
[빠싸지찌 빠드 아레스트]
남 ①체포, 구금, 검거 ②〈법〉차압
посадить под ~ 체포(검거)하다

арестовáть
[아레스따바찌]
완 체포하다. 검거하다.

áрмия
[아르미야]
여 군대

аромáт
[아라마뜨]
[아라마찌체스끼이]
[아라마찌츠느이]
남 향기
형 ~ический, ~ичный 향기로운

артéрия
[아르쩨리야]
여 ①〈의학〉동맥 ②주요교통로, 중요간선

Áртика
[아르찌까]
여 북극(지방)

артист, ~ка
[아르찌스트, 아르찌스트까]
남 **여** 배우

архитéктор
[아르히쩩떠르]
남 건축가

архитектýра
[아르히쩩뚜리]
여 건축술, 건축학, 건축양식

аспирáнт, ~ка
[아스삐란트, 아스삐란트까]
남 **여** 대학원생, 연구생

аспиранту́ра
[아스삐란뚜라]

여 대학원, 연구원

аспири́н
[아스삐린]

남 아스피린

ассамбле́я
[아쌈블레야]
[게네랄나야 아쌈블리야]

여 총회, 대회
Генера́льная Ассамбле́я ООН 유엔총회

ассоциа́ция
[아싸찌아찌야]

여 ①협회,연합,동맹 ②〈심리〉연상

астроно́мия
[아스뜨라노미야]

여 천문학

атакова́ть
[아따까바찌]

불완 완 공격하다.

атмосфе́ра
[아뜨마스페라]

여 ①대기, 공기 ②대기권 ③〈물리〉기압 ④분위기,환경

атмосфе́рный
[아뜨마스페르느이]
[아뜨마스페르노에 다블레니에]
[아뜨마스페르노에 아싸드끼]
[아뜨마스페르노에 이블레니에]

형 대기의
~ое давле́ние (대)기압
~ые оса́дки 눈비,강우량
~ые явле́ние 기상

а́том
[아땀]

남 ①〈물리〉원자 ②미분자, 미소량

а́томный
[아땀느이]
[아땀나야 엘렉뜨라스딴찌야]
[아땀나야 에네르기야]

형 원자의
~ая электроста́нция
원자력발전소
~ая эне́ргия 원자력

аудито́рия
[아우지또리야]

여 ①교실, 강의실 ②청중, 청강자

аукцио́н
[아욱찌온]
[쁘라다바찌 스 아욱찌오나]

남 경매
продава́ть с ~а 경매하다,
경매에 붙이다.

афи́ша
[아피샤]

여 ①광고, 포스터 ②연극 프로그램

Áфрика
[아프리까]
[아프리까녜쯔]
[아프리깐까]

여 아프리카
남 африка́нец
여 ~ка 아프리카 사람

ах!
[아호!]

감탄 아차! 아이고!

аэропо́рт
[아에라뽀르뜨]

남 공항

Б

бáбочка
[바바치까]
— 여 나비

бáбушка
[바부쉬까]
— 여 할머니

багáж
[바가쉬]
— 남 짐, 수하물

бадминтóн
[바드민똔]
— 남 배드민턴

бáза
[바자]
— 여 ①기초, 토대, 근거
②기지, 근거지 ③창고

базáр
[바자르]
— 남 시장

бактéрия
[박떼리야]
— 여 세균, 박테리아

балáнс
[발란스]
— 남 균형

балéт
[발롓]
— 남 발레

бамбýк
[밤북]
— 남 대나무

банáн
[바난]
— 남 바나나

бандúт
[반치트]
— 남 강도, 악당

банк
[반크]
— 남 은행

бáнка
[반까]
— 남 통, 단지

банкомáт
[반까마트]
— 남 현금자동지급기

банкро́тство
[반끄롭스뜨버]

중 파산, 파탄

ба́ня
[바냐]

여 목욕탕

бар
[바르]

남 바, 술집

бараба́н
[바라반]
[비찌 바라]

남 북, 드럼
бить в ~ 북을치다

бара́н
[바란]

남 수양, 양

бара́нина
[바라니나]

여 양고기

барье́р
[바리에르]

남 장벽, 장애물, 방해

баскетбо́л
[바스낏볼]

남 농구

бассе́йн
[바쎄인]
[바쎄인 들랴 쁠라바니야]

남 저수지
~ для пла́вания 수영장

батаре́я
[바따레야]

여 배터리, 건전지

бата́т
[바따트]

남 고구마

бато́н
[바똔]

남 빵(길쭉하고 흰빵)

ба́шня
[바쉬냐]

남 탑

бе́гать
[베가찌]

불완 달리다, 뛰다

бегу́н
[비군]

남 달리기선수

Б

бе́дный
[베드느이]

형 가난한, 불쌍한, 빈약한

бедро́
[비드로]

중 넓적다리

бе́дствие
[벳스트비에]

중 재난, 재해, 불행

бежа́ть
[베좌찌]

불완 달리다, 뛰다

бе́женец
[베지니쯔]

남 피난민

без
[베스]

전 …없이
~ cáхара 무설탕

безбра́чие
[베즈브라치에]

중 독신

безвку́сный
[베즈프꾸스느이]

형 ①맛없는 ②취미없는, 멋없는

безвозме́здный
[베즈바즈메즈드느이]

형 무료의, 무상의
~ая по́мощь 무상원조

безгра́мотный
[베즈그라마트느이]

형 문맹의, 무식한, 교육을 받지못한, 지식이 없는

безграни́чный
[베즈그라니치느이]

형 ①무한한, 끝없는 ②극도의, 매우

беззако́ние
[베자꼰니에]

중 불법, 위법, 불법행위

безо́блачный
[베즈블라치느이]
[베즈블라치나야 빠고다]

형 구름이 없는, 맑게 개인, 밝은
~ая пого́да 맑게 개인 날씨

безопа́сность
[베자빠스너스찌]
[싸볫 베자빠스너스찌]

여 안전
Сове́т Безопа́сности ООН
유엔 안전보장이사회

безопа́сный
[베자빠스느이]

형 안전한, 위험하지 않은

безотве́тственность
[베자볫쓰뜨벤녀스찌]

여 무책임

безоши́бочный
[베자쉬비츠느이]

형 틀림없는, 잘못이 없는, 정확한

безрабо́тица
[베즈라보찌짜]

여 실업

безрабо́тный
[베즈라보뜨느이]

형 일자리없는, 실업을 당한
명 남 실업자

безусло́вно
[베주슬로브녜]

부 의심할 나위 없이, 물론, 무조건적으로

безъя́дерный
[베즈야제르느이]

형 비핵의

бейсбо́л
[베이스볼]

남 야구

беко́н
[베꼰]

남 베이컨

бело́к
[벨록]

남 ①단백질 ②(눈의)흰자위
③계란의 흰자위
(желотк의 반대)

белокро́вие
[벨라끄로비에]

중 〈의학〉백혈병

Белору́ссия
[벨라루씨야]
[벨라루스]
[벨라루스까]

여 벨라루시, 벨러시아
남 белору́с
여 ~ка

бе́лый
[벨르이]

형 흰, 백색의

бельё
[벨리요]

중 속옷, 내의, 세탁물

бензи́н
[벤진]

남 휘발유

бе́рег
[베레크]

남 강변, 강가, 물가

берёза
[비료자]

남 자작나무

бере́менность
[베레멘너스찌]

여 임신

бере́чь
[베레멘너스찌]

불완 아껴쓰다, 소중히 다루다, 절약하다.

бесе́да
[베세다]

여 담화, 회담, 면담

бесконе́чный
[베스까네치느이]

형 끝없는, 무한한, 무궁한, 끊임없는

беспла́тный
[베스쁠라뜨느이]

형 무료의, 무상의

беспоко́йство
[베스빠꼬이스츠버]

중 불안, 근심, 걱정

беспоко́ить
[베스빠꼬이찌]

불완 걱정시키다, 불안하게 하다, 괴롭히다.

беспоко́иться
[베스빠꼬잇짜]
[녜 베스빠꼬이쩨스, 빠좔루스따]

불완 걱정하다, 근심하다, 염려하다
не ~йтесь, пожалуйста
걱정하지마세요

бесполе́зный
[베스빨레즈느이]

형 쓸데없는, 쓸모없는, 무익한, 헛된

беспоря́док
[베스빠랴덕]

남 무질서, 혼란, 난잡

беспра́вие
[베스쁘라비에]

중 권리가 없는것, 무권리, 공권상실

беспреде́льный
[베스쁘레젤느이]

형 무한한, 한없는, 끝없는

беспрерывно
[볘스쁘례리브너]

부 끊임없이, 쉼없이, 부단히, 연속적으로

беспричинный
[볘스쁘리친느이]

형 이유없는, 근거없는

бессоница
[볘스쏘니짜]

여 불면증
страдать ~ей 불면증에 걸려있다.

бесцветный
[볘스쯔볘뜨느이]

형 ①무색의 ②특색이 없는, 무미건조한

бесценный
[볘스쩬느이]

형 매우 비싼, 귀중한, 고귀한

бетон
[볘똔]

남 콘크리트

бешенство
[볘쉔스트버]

중 〈의학〉 광견병

библиотека
[비블리아쩨까]

여 도서관

библиотекарь
[비블리아쩨까리]

남 사서

библия
[비블리야]

여 성서

билет
[빌롓]
[스뚜젠체스끼이 빌롓]

남 표, 차표, 증서, 증명서
студенческий ~ 학생증

бильярд
[빌리야르드]

남 당구

бинт
[빈트]

남 붕대

биография
[비아그라피야]

여 전기, 경력

биология
[비알로기야]

여 생물학

биофи́зика
[비아피지까]

여 생물물리학

би́ржа
[비르좌]
[폰다바야 비르좌]

여 거래소
  фо́ндовая ~ 증권거래소

бискви́т
[비스크빗]

남 비스킷

бить
[비찌]

불완 치다, 때리다, 깨뜨리다

бла́го
[블라가]

중 복리, 행복, 이익, 복지

благодари́ть-поблагодари́ть
[블라가다리찌-빠블라가다리찌]

불완-완 кого за что 감사드리다.

благода́рность
[블라가다르너스찌]

여 감사, 사의

благодаря́
[블라가다랴]

전 …덕분에, …로 인하여, …때문에

благоприя́тный
[블라가쁘리야뜨느이]

형 유리한, 순조로운, 좋은, 적합한

блестя́щий
[블레스쨔쉬이]

형 빛나는, 반짝거리는, 화려한

близнецы́
[블리즈네찌]

복 쌍둥이

близору́кость
[블리자루꺼스찌]

여 근시

бли́зкий
[블리스끼이]

형 ①가까운 ②친근한, 친밀한

блин
[블린]

남 블린, 팬케이크

блок
[블록]

남 블록, 제휴, 연합

блокнот
[블라크놋]

남 수첩, 필기장

блуза
[블루자]

여 블라우스

блюдо
[블류다]
[까레이스끼에 블류다]

중 ①접시 ②요리, 음식
корейские ~а 한국음식

бобы
[바븨]

복 콩

бог
[보흐]

남 신, 하나님, 하느님

богатство
[바갓쯔뜨버]

중 ①재물, 부귀 ②풍부, 윤택
복 자원

богатый
[바가뜨이]

형 부유한, 풍부한, 재산이 있는

божий
[보쥐이]

형 신의

бой
[보이]

남 전투, 싸움

бок
[보크]

남 옆구리, (사물의)측면, 옆

бокал
[바깔]

남 (큰)술잔, 잔

бокс
[복스]

남 권투

боксёр
[박쇼르]

남 권투선수

более
[볼레에]

부 더욱, 보다 더, 더 많이

болезнь
[발레즌]

여 병, 질병, 질환

боле́ть
[발레찌]
[우 미냐 갈라바 발릿]

불완 ①чем 병을 앓다. ②아프다
у меня голова́ ~ и́т
나는 머리가 아프다.

болтли́вый
[발뜰리브이]

형 말이 많은, 수다스러운, 입이 가벼운

боль
[볼]
[갈라브나야 볼]
[주브나야 볼]

여 아픔, 고통
головна́я ~ 두통
зубна́я ~ 치통

больни́ца
[발니쩨]
[레좌찌 브 발니쩨]
[브이찌 이즈 발니쯰]

여 병원
лежа́ть в ~це 입원 중이다
вы́йти из ~цы 퇴원하다.

больно́й
[발노이]

형 아픈, 병든, 앓는
명 환자

бо́льше
[볼쉐]

(большо́й, мно́го의 비교급) 더 많이,
더 많다, 더 크게, 더 크다.

бо́льший
[볼쉬이]

형 (большо́й의 비교급) 더 큰, 더 많은

большинство́
[발쉰스뜨버]

중 다수, 대다수, 대부분

большо́й
[발쇼이]

형 큰, 커다란, 대단한, 수 많은

бо́мба
[봄바]

여 폭탄

борода́
[바라다]

여 턱수염

боро́ться
[바롯쨔]

불완 싸우다, 투쟁하다.

борщ
[보르쉬]

남 고기국

борьба́
[바리바]

여 투쟁, 싸움

боя́ться-побоя́ться
[바얏쨔-빠바얏쨔]

불완-완 무서워하다, 두려워하다, 겁내다.

бра́во!
[브라보!]

감 좋다! 멋있다! 잘한다!

Брази́лия
[브라질리야]
[브라질레쯔]
[브라질리안까]

여 브라질
남 **брази́лец,**
여 **~лья́нка** 브라질사람

брак
[브락]
[프스뚜빠찌 브 브락]
[라스따르가찌 브락]

남 결혼
  вступа́ть в ~ 결혼하다
  расторга́ть ~ 이혼하다.

брат
[브랏]
[믈라드쉬이 브랏]
[스따르쉬이 브랏]

남 형제
  мла́дший ~ 남동생;
  ста́рший ~ 형

брать-взять
[브라찌-브쟈찌]

불완-완 쥐다, 잡다, 가지고 오다,
데리고 오다, 맡다

бред
[브레트]

남 잠꼬대, 헛소리

бре́мя
[브레먀]

중 부담, 짐

бри́тва
[브리뜨바]

남 면도기

бровь
[브로피]

여 눈썹

броже́ние
[브라줴니에]

중 발효

бро́нза
[브론자]

여 청동

бро́нхи
[브론히]

복 기관지

Б

броса́ть
[브라싸찌]

불완 던지다, 내버리다, 그만두다, 중단하다

броса́ться
[브라쌋짜]

불완 чем 던지다, 서로 던지다;
на кого …에게 달려들다(덤벼들다)

бро́сить(ся)
[브로씨찌(짜)]

완 →броса́ть(ся)

брошю́ра
[브라슈라]

여 팜플렛

брю́ки
[브류끼]

복 바지

буддӣ́зм
[부디스끼이]

남 불교

буддӣ́йский
[부디스끼이]
[부디스끼이 흐람]

형 불교의
~ храм 절

бу́дущее
[부두쉐에]

중 미래, 장래

бу́дущий
[부두쉬이]

형 미래의, 장래의, 다가올, 다음의

бу́ква
[부크바]

여 글자, 문자

бу́квально
[부크발너]

부 문자그대로, 말그대로

буке́т
[부께트]

남 꽃다발

бу́лочная
[불로츠나야]

여 빵집

бульва́р
[불바르]

남 가로수길, 산책길

бульо́н
[불리온]

남 국물

бумáга
[부마가]
여 종이; 문건, 문서

бумáжный
[부마쥐느이]
형 종이의, 종이로 만든

бумерáнг
[부메란]
남 부메랑

буржуá
[부르주아]
남 불변 부르주아

бýрный
[부르느이]
형 사나운, 격렬한

бýрый
[부르이]
형 갈색의

бýря
[부랴]
형 폭풍, 폭풍우

бýсы
[부싀]
복 목걸이, 유리구슬, 구슬알, 비즈

буты́лка
[부띨까]
여 병, 유리병

буфéт
[부펫]
남 매점, (정거장·극장 등) 식당, 작은 레스토랑

бы
[븨]
[온 비 쁘리숄, 예슬리 비 즈날]
[야 하쪨 비 이보 비제찌]
조 가상적인 가능성 표시, 희망·권고·부탁을 나타냄
он ~ пришёл, éсли ~ знал
만약 그가 알았더라면 왔을것이다;
я хотéл ~ егó вúдеть
그를 만나고 싶은데"

бывáть
[븨바찌]
불완 ①있다, 일어나다
②자주·때때로 생기다
③자주·때때로 방문하다.

бы́вший
[븨브쉬이]
형 예전의, 전의

бык
[비크]

명 황소

бы́стрый
[비스뜨로이]

형 빠른, 재빠른, 급속한, 신속한

быт
[비트]

남 ①일상생활, 실생활 ②생활관습

быть
[비찌]

불완 ①있다 ②이다, 되다
③체류하다, 존재하다

бюдже́т
뷰쥇

남 예산

бюро́
뷰라

중 불변 사무국, 국, 위원회

бюрократи́зм
뷰라끄라찌즘

남 관료주의

бюстга́льтер
뷰스뜨갈쩨르

남 브래지어

В

в(во)
[브(보)]

전 ①(장소) …에
② (행동,동작하는 곳) …에서
③ …안에서
④ (방향 표시) …로, …에
⑤ (시간 표시) …에, …내에

вагóн
[바곤]

남 차량, 차칸

вáжный
[바쥐느이]

형 중요한, 중대한

вáза
[바자]

여 꽃병

вáкуум
[바꾸움]

남 진공

валовóй
[발라보이]
[발라보이 다호트]
[발라보이 브누뜨렌니이 쁘라둑뜨]

형 총량의
~ дохóд 총수입;
~ внýтренний продýкт
국내총생산(GDP)"

валю́та
[발류따]
[발류뜨나야 꾸르스]

여 화폐, 통화
валю́тная курс

вáнная
[반나야]

여 욕실

варёный
[바룐느이]

형 삶은, 끓인
~ное яйцó 삶은 계란

варúть-сварúть
[바리찌-스바리찌]
[바리찌 리스]
[바리찌 먀사(꾸리쭈)]

불완-완 삶다, 끓이다, 찌다
~ рис 밥을 짓다;
~ мя́со(кýрицу) 고기(닭)를 삶다

ватт
[바뜨]

남 (전기) 와트

вверх
[베르흐]

부 위로

В

вводи́ть-ввести́
[바지찌-베스찌]

불완-완 끌어올리다, 데려오다, 실시하다

ввоз
[보스]

남 수입, 반입

вгля́дываться-вгляде́ться
[브글랴듸밧짜-블글랴젯짜]

불완-완 들여다보다, 눈여겨보다, 유심히 바라보다

вдво́е
[브드보예]

부 2배

вдова́
[브다바]

여 과부

вдове́ц
[브다볘쯔]

남 홀아비

вдох
[브도흐]

남 들숨

вдруг
[브드루크]

부 갑자기, 뜻밖에, 별안간

вдыха́ть-вдохну́ть
[브듸하찌-브도흐누찌]

불완-완 숨을 들이쉬다

веде́ние
[베제니에]

중 운영, 진행

ве́домость
[베다마스찌]

여 통지서, 보고서, 계산서, 일람표

ве́домство
[베담스뜨버]

중 부서, 국, 관청

веду́щий
[베두쉬이]

형 주도적인, 선두의, 주요한

ве́жливый
[베쥘리브이]

형 친절한, 예의바른

везде́
[베즈제]

부 가는 곳마다, 곳곳에

век
[벡]

남 세기, 시대, 시기

вели́кий
[벨리끼이]

형 위대한, (몹시) 큰

великоле́пный
[벨리까롑쁘느이]

형 화려한, 호화로운, 뛰어난, 훌륭한

величина́
[벨리치나]

여 크기, 치수, 양

велосипе́д
[벨라씨뻬트]

남 자전거

ве́на
[베나]

여 〈의학〉 정맥

вентиля́тор
[벤찔랴떠르]

남 선풍기, 환풍기

ве́ра
[베라]

여 믿음, 신뢰, 신용, 신앙

верёвка
[비료프까]

여 끈

ве́рить-пове́рить
[베리찌-빠베리찌]

불완-완 믿다, 신임하다.

верну́ть
[베르누찌]

완 되돌려주다, 되찾다, 되돌리다, 회복하다

верну́ться
[베르눗짜]
[베르눗짜 다모이]

완 돌아가다, 되돌아가다
~ся домо́й 귀가하다

ве́рный
[베르느이]

형 옳은, 올바른, 정확한

вероя́тно
[베러야뜨너]

부 아마, 틀림없이

вертолёт
[베르딸룟]

남 헬리콥터

ве́рхний
[베르흐니이]

형 위의, 상부의, 높은 곳의

верши́на
[베르쉬나]
[베르쉬나 가리]

여 꼭대기, 정점, 절정
~ горы́ 산정상

вес
[베스]
[베스 쩰라; 베시]

남 무게, 중량
~тела 몸무게
~ы 체중계"

весёлый
[베숄르이]

형 즐거운, 유쾌한

весна́
[비스나]

여 봄

вести́
[베스찌]

불완 кого ①…를 데리고 가다, 데리고 오다, …를 이끌다
②…를 인도하다

весть
[베스찌]

여 소식, 통지

весь
[베시(프샤, 프쇼, 프세)]

대 (여 вся, 중 всё, 복 все)
전부, 모두

ветвь
[베뜨피]

여 나뭇가지

ве́тер
[베쩨르]

남 바람

ве́чер
[베체르]
[베체럼]

남 저녁, 야회, 저녁모임, 파티
ве́чером 저녁에

ве́чный
[베츠느이]

형 영원한, 영구한, 끊임없는

ве́шалка
[베샬까]

여 옷걸이

ве́шать-пове́сить
[베샤찌-빠볘씨찌]

불완-완 걸다, 매달다

вещание
[베샤니에]
중 방송

вещество
[베쉐스뜨보]
중 물질, 물체

вещь
[베쉬]
여 물건, 물품, 사물

взад
[브자트]
부 뒤로

взаимный
[브자임느이]
형 상호의, 상관의

взаимоотношение
[브자이머아뜨나쉐니에]
중 상호관계, 상관관계

взаимопонимание
[브자이머빠니마니에]
중 상호이해

взгляд
[브즈글랴트]
남 시선, 견해, 의견, 관점

взглядывать-взглянуть
[브즈글랴드바찌-브즈글랴누찌]
완 на кого-что 쳐다보다, 바라보다, 보다

вздох
[브즈도흐]
남 숨, 한숨

вздыхать-вздохнуть
[브즈디하찌-브즈다흐누찌]
불완-완 한숨쉬다

взлёт
[브즐룟]
남 날아오르는것, 이륙, 상승

взрослый
[브즈로슬르이]
형 어른의, 성인의
명 어른, 성인

взрыв
[브즈리프]
남 폭발, 폭음

взрыва́ть
[브즈리바찌]

불완 폭발시키다, 폭파하다

взя́тка
[브자뜨까]

여 뇌물

взять
[브쟈찌]

→ брать

вид
[비트]

남 ①외모, 모습, 모양 ②종류, 유형

ви́део
[비데오]

중 비디오

ви́деться
[비젯쨔]

불완 (서로) 만나다

ви́деть-уви́деть
[비제찌-우비제찌]

불완-완 보다, 바라보다, 만나다

ви́дный
[비드느이]

형 보이는, 눈에 띄는, 현저한

ви́за
[비자]
[비자 나 븨에즈트]
[비자 나 브에즈트]

여 사증, 비자
~ на вы́езд 출국사증
~ на въезд 입국사증

визи́т
[비짓]
[비지뜨나야 까르떠치까]

남 방문
визи́тная ка́рточка 명함

ви́лка
[빌까]

여 포크

вина́
[비나]

여 죄, 잘못, 과실

вино́
[비노]

중 포도주, 와인

винова́тый
[비나바뜨이]

형 죄진, 잘못된, 책임있는
형 죄진, 잘못된, 책임있는

виногра́д
[비나그라트]
남 포도나무, 포도

винт
[빈뜨]
남 나사

ви́рус
[비루스]
남 〈의학〉 바이러스

вишнёвый
[비시뇨브이]
형 벗나무의

вклад
[프끌라트]
남 저금, 예금

включе́ние
[프끌류체니에]
중 포함, 기입, 삽입

вкус
[프꾸스]
남 ①맛, 입맛 ②취미, 기호 ③멋

вку́сный
[프꾸스느이]
형 맛있는, 맛좋은

владе́лец
[블라젤리쯔]
남 소유자, 주인

владе́ть
[블라제찌]
불완 чем 소유하다, 가지고 있다, 지배하다, 통치하다

вла́жность
[블라쥐너스찌]
여 습도

власть
[블라스찌]
여 정권, 주권, 권력

влечь-повле́чь
[블레치-빠블레치]
불완-완 마음을 끌다, 마음이 쏠리다.

влива́ть-влить
[블리바찌-블리찌]
불완-완 (액체를) 붓다

**влюбля́ться-
влюби́ться**
[블류블랴짜-블류빗짜]
반하다, 사랑에 빠지다

B

вме́сте
[브메스쩨]
— 부 같이, 함께

вме́сто
[브메스떠]
— 전 대신에

вмеша́тельство
[브메샤쩰스뜨버]
— 중 간섭, 개입
вооружённое ~무력간섭

внача́ле
[브나촬례]
— 부 처음에, 초기에는

вне
[브네]
— 전 밖에(서), …외에

внедре́ние
[브네드레니에]
— 중 도입

внедря́ть-внедри́ть
[브네드랴찌-브네드리찌]
— 불완-완 도입하다, 받아드리다.

внеза́пный
[브네자쁘늬]
— 형 불의의, 뜻밖의, 돌발적인

вне́шний
[브네쉬니이]
— 형 외부의, 외국의, 대외의

вниз
[브니스]
— 부 아래로, 밑으로

внима́ние
[브니마니에]
— 중 주의, 주목

вновь
[브노피]
— 부 다시, 재차, 새로

вноси́ть-внести́
[브나씨찌-브네스찌]
— 불완-완 가지고 들어가다, 주다, 가져오다

внук
[브눅]
— 남 손자

вну́тренний
[브누뜨레니이]
— 형 안의, 내부의, 국내의

внутри
[브누뜨리]

부 안에, 속에, 내부에

внучка
[브누치까]

여 손녀

вовлекать- вовлечь
[바블레까찌-바블레치]

불완-완 кого во что 끌어드리다, 참가시키다, 끌어넣다

вовремя
[보브레먀]

부 제때에, 제시간에, 때마침

вода
[바다]
[할로드나야 바다]
[가랴차야 바다]
[끼뻐촌나야 바다]

여 물
холодная ~ 찬물
горячая ~ 뜨거운물;
кипячённая ~ 끓인물

водитель
[바지쩰]
[바지쩰스끼에 쁘라바]

남 운전수, 운전사
водительские права
운전면허증

водка
[보뜨카]

여 보드카

водопад
[바다빠트]

남 폭포

водопровод
[바다쁘라보트]

남 수도관

военно- воздушный
[바엔너바즈두쉬니이]

형 공군의
~ые силы 공군

военно-морской
[바엔너마르스꼬이]
[바엔너마르스끼에 씰리]

형 해군의
~ые силы 해군

военнообязанный
[바엔너아뱌잔느이]

남 병역 의무자, 예비군

военнослужащий
[바엔너슬루좌쉬이]

남 군인

вое́нный
[바옌느이]

형 군사의, 전쟁의, 군수의

воз
[보스]

남 짐수레

возвраща́ть-верну́ть
[바즈브라샤찌-베르누찌]

불완-완 반환하다, 돌려주다

возвраща́ться-верну́ться
[바즈브라샷쨔-베르눗짜]

불완-완 돌아가다(오다), 되돌아가다(오다)

возде́йствие
[바즈제이스뜨비에]

중 영향, 작용

возде́йствовать
[바즈제이스뜨버바찌]

불완 완 на кого …에게 영향을 끼치다, 영향을 주다

воздержа́ние
[바즈제르좌니에]
[바즈제르좌니에 아뜨 꾸레니에]

중 절제, 억제
~ от куре́ние 금연

во́здух
[보즈두호]

남 공기, 대기

возду́шный
[바즈두쉬느이]

형 공기의, 대기의

возмо́жность
[바즈모쉬너스찌]

여 가능성, 기회

возмуще́ние
[바즈무쉐니에]

중 분개, 격분

возника́ть-возни́кнуть
[바즈니까찌-바즈니크누찌]

불완-완 생기다, 발생하다, 일어나다

возникнове́ние
[바즈니끄너베니에]

중 발생, 출연, 발단

возобновле́ние
[바자브너블레니에]

중 재개, 갱신

возражéние
[바즈라줴니에]
중 반대, 반박

вóзраст
[보즈라스뜨]
남 나이, 연령

войнá
[바이나]
[베스찌 바이누]
[빠기브누찌 나 바이네]
여 전쟁
вести ~ý 전쟁을 하다
погибнуть на ~é 전사하다

войскá
[바이스까]
복 군대, 군부대

вокзáл
[바그잘]
남 역

вокрýг
[바끄루크]
부 주위에

волейбóл
[발레이볼]
남 배구

волк
[볼크]
남 늑대

волнá
[발나]
여 물결, 파도

волновáться-заволновáться
[발나밧짜-자발나밧짜]
불완-완 흥분하다, 불안해 하다

волокнó
[발라끄노]
[씬쩨찌체스꺼에 발라끄노]
중 섬유
синтетическое ~ 합성섬유

вóлос
[볼러스]
남 머리카락, 털

волшéбный
[발쉐브느이]
형 마술의, 요술의, 매혹적인

вóля
[볼랴]
여 의지, 의욕

вон
[본]
[빠슬 본!]

부 밖으로
пошёл ~! 나가라! 없어져라!

вóна
[보나]

여 원 (한국 화폐 단위)

воображéние
[바아브라줴니에]

중 상상, 공상, 상상력

вообщé
[바압쉐]

부 대개, 대체로, 일반적으로

вооружéние
[바아루줴니에]

중 무장, 군비, 무기

вопрóс
[바쁘로스]
[바쁘러씨쩰느이 즈낙]

남 질문, 문제
вопросительный знак
물음표(?)

вор
[보르]

남 도둑

воробéй
[바라베이]

남 참새

ворóна
[바로나]

여 까마귀

ворóта
[바로따]

여 대문, 출입문

восемнáдцать
[버씸나드짜찌]

수 18

вóсемь
[보씸]

수 8

вóсемьдесят
[보씸지샷]

수 80

восемьсóт
[바씸쏫]

수 800

восклица́тельный
[바스끌리짜쩰느이]

형 절규의, 감탄의
~ знак 느낌표(!)

воскресе́нье
[바스끄리쎄니에]

중 일요일

воспале́ние
[바스빨레니에]

중 염증

воспита́ние
[바스삐따니에]

중 교육, 육성, 양육

воспита́тель
[바스삐따쩰]

남 양육자, 교사

воспи́тывать-воспита́ть
[바스삐띄바찌-바스삐따찌]

불완-완 기르다, 양육하다, 교육하다

воспреща́ть-воспрети́ть
[바스쁘라샤찌-바스쁘레찌찌]

불완-완 금지하다

восстановле́ние
[바스따나블레니에]
[바스따나블레니에 고라다]

중 복구, 부흥, 회복
~ го́рода 도시 복구

восто́к
[바스똑]
[블리쥐니이 바스똑]
[달니이 바스똑]

남 동, 동쪽, 동양
Бли́жний В~ 중동
Да́льний В~ 극동

восто́рг
[바스또르크]

남 환희, 황홀, 감탄

восто́чный
[바스또츠느이]

형 동의, 동쪽의

восхище́ние
[바스히쉐니에]

중 감탄, 황홀

восхо́д
[바스호트]

남 떠오르는 것
~ со́лнца 일출

вот
[봇]

조 ①여기에, 저기에 ②바로, 그, 저

вперёд
[프뼤료트]

부 앞으로

впечатле́ние
[프뼤차들레니에]

중 인상, 감동

впуска́ть-впусти́ть
[프뿌스까찌-프뿌스찌찌]

불완–완 입장시키다, 통과시키다, 들여보내다.

враг
[브라크]

남 원수, 적

врач
[브라치]

남 의사

враще́ние
[브라쉐니에]
[브라쉐니에 제믈리]

중 회전
~ Земли́ 자전

вре́дный
[브레드느이]
[브레드느이 들랴 즈다로비야]

형 해로운, 유해로운
~ый для здоро́вья
건강에 해로운

вре́менный
[브레멘느이]

형 임시의, 일시적인

вре́мя
[브레먀]

중 시간

всегда́
[프씨그다]

부 언제나, 늘, 항상

всеми́рный
[프세미르느이]

형 전세계의, 세계적인

всесторо́нний
[프세스따론니이]

형 전면적인, 철저한

всё-таки
[프쇼따끼]

부 접 그래도, 그럼에도 불구하고

вслед
[프슬레트]

부 за кем-чем 곧이어, 뒤따라

вследствие
[프슬레쯔뜨비에]

전 …결과, …때문에, …로 인하여

вслух
[프슬루흐]

부 들리도록, 소리내어
думать ~ 혼잣말을 하다

вслу́шиваться-вслу́шаться
[프슬루쉬밧짜-프슬루샷짜]

불완-완 귀를 기울이다, 귀담아듣다

вспомина́ть-вспо́мнить
[프스빠미나찌-프스뽐니찌]

불완-완 회상하다, 추억하다, 기억이 나다

встава́ть-встать
[프스따바찌-프스따찌]

불완-완 일어서다, 일어나다

встре́ча
[프스뜨레차]

여 만남, 조우, 면회, 회견

встреча́ть-встре́тить
[프스뜨레차찌-프스뜨레찌찌]

불완-완 만나다, 마주치다, 우연히 만나다

встреча́ться-встре́титься
[프스뜨레찻짜-프스뜨레찟짜]

불완-완 с кем-чем 서로 만나다, 마주치다

вступа́ть-вступи́ть
[프스뚜빠찌-프스뚜삐찌]

불완-완 들어가다, 진입하다, 가입하다

вступле́ние
[프스뚜쁠레니에]

중 들어가는것, 가입, 서문

вто́рник
[프또르닉]

남 화요일

второ́й
[프따로이]

수 둘째, 두번째, 제2의

вход
[프호트]

명 입장, 입구
плáта за ~ 입장료

входи́ть-войти́
[프하지찌-바이찌]

불완-완 들어가다, 입장하다, 포함되다

вчерá
[프체라]

부 어제

въезжáть-въéхать
[브에즈좌찌-브예하찌]

불완-완 ①(타고)들어가다, 들어오다
②거주하다, 이사하다.

вы
[븨(바스, 바스, 바미, 아 바스)]

인칭 (생 대 вас, 여 вас, 조 вáми, 전 о вас) 당신

выбирáть-вы́брать
[븨비라찌-븨브라찌]

불완-완 ①고르다, 선택하다 ②선거하다

вы́бор
[븨버르]

명 선택, 선정
복 ~ы 선거"

вы́вод
[븨버트]

명 결론

выводи́ть-вы́вести
[븨바지찌-븨베스찌]

불완-완 이끌어내다, 끌어내다,
데리고 나오다, 해임하다

вы́воз
[븨버스]
[븨버즈 이 보스]

명 반출, 수출
~ и ввоз 수출과 수입

вы́года
[븨거다]

여 이득, 이익

выдавáть-вы́дать
[븨다바찌-븨다찌]

불완-완 교부하다, 발행하다, 주다, 지불하다

выдвигáть-вы́двинуть
[븨드비가찌-븨드비누찌]

불완-완 ①추진하다, 앞으로 나가게 하다
②제기하다, 제출하다
③추천하다

выделе́ние
[븨젤레니에]

중 ①분리, 선출, 선발
②분배, 할당

вылéрживать-вы́держать
[븨졔르쥐바찌-븨졔르좌찌]

불완–완 견디다, 참다, 버티다

вы́зов
[븨저프]

남 ①호출, 소환 ②도전

вызывáть-вы́звать
[븨즈바찌-븨즈바찌]

불완–완 ①불러내다, 호출하다
②호소하다
③일으키다, 야기시키다

выи́грывать-вы́играть
[븨이그리바찌-븨이그라찌]

불완–완 이기다, 승리하다

вылетáть-вы́лететь
[븨롈따찌-븨롈쩨찌]

불완–완 날아가다, 날아오르다, 이륙하다

вылéчивать-вы́лечить
[븨롈치바찌-븨롈치찌]

불완–완 완치하다, 병을 고치다

вылéчиваться-вы́лечиться
[븨롈치바찌-븨롈치찌]

불완–완 완치되다, 다 낫다, 완쾌하다

выноси́ть-вы́нести
[븨너씨찌-븨네스찌]

불완–완 ①가지고 나가다, 반출하다
②참아내다, 견디다

выпадáть-вы́пасть
[븨빠다찌-븨빠스찌]

불완–완 떨어지다, 빠지다,
(비,눈이) 내리다, 오다

вы́плата
[븨쁠라따]

여 지불

выпла́чивать-вы́платить
[븨쁠라치바찌-븨쁠라찌찌]
[븨쁠라치바찌 덜기]

불완–완 다 지불하다, 다 갚다
~ долги́ 빚을 갚다

выполнéние
[븨뻴녜니에]

중 수행, 완수, 실행

выполня́ть-вы́полнить
[브뺄냐찌-브뺄니찌]

불완-완 수행하다, 완수하다, 해내다, 실시하다

вы́пуск
[븨뿌스크]

남 ①생산(량) ②졸업, 졸업식 ③발행, 발간

выпуска́ть-вы́пустить
[븨뿌스까찌-븨뿌스찌찌]

불완-완 ①내보내다, 놓아주다 ②생산하다 ③졸업시키다 ④발행하다, 발간하다

выпускни́к, ~ца
[븨뿌스크닉, 븨뿌스크니짜]

남 여 졸업생

выраба́тывать-вы́работать
[븨라버띠바찌-븨라버버따찌]

불완-완 생산하다, 만들어내다, 제작하다, 작성하다

вы́работка
[븨라보뜨까]

여 생산, 제작

выража́ть-вы́разить
[븨라좌찌-븨라지찌]

불완-완 표현하다, 나타내다

выраже́ние
[븨라줴니에]

중 표현

выраста́ть-вы́расти
[븨라스따찌-븨라스찌]

불완-완 자라다, 성장하다, 커지다, 증대되다, 성인이 되다

выра́щивать-вы́растить
[븨라쉬바찌-븨라스찌찌]

불완-완 키우다, 기르다, 재배하다

вы́рубка
[븨루쁘까]

여 벌채

вы́садка
[븨사뜨까]

여 내리는 것, 상륙

выска́зывать-вы́сказать
[븨스까즈바찌-븨스까자찌]

불완-완 말하다, 발언하다, 진술하다

вы́слушивать-вы́слушать
[븨슬루쉬바찌-븨슬루샤찌]

불완-완 (끝까지) 듣다

высо́кий
[븨소끼이]
[븨소끼이 고스찌]

형 높은
~ий гость 귀빈

высокока́чественный
[븨싸꺼까체스트벤느이]

형 품질이 좋은, 질 높은

высококвалифици́рованный
[븨싸꺼끄발리피찌로반느이]

형 잘 숙련된, 자질이 높은

высота́
[븨싸따]

여 높이, 고도

вы́ставка
[븨스따프까]

여 전람회, 박람회

вы́стрел
[븨스뜨렐]

남 사격, 발사

выступа́ть-вы́ступить
[븨스뚜빠찌-븨스뚜삐찌]

불완-완 나서다, 앞으로 나가다, 출발하다, 출연하다, 공연하다

выступле́ние
[븨스뚜쁠레니에]

중 ①출발, 진출 ②토론, 발언, 연설

вы́сший
[븨쉬이]

형 제일 높은 최고의, 최상의

высыла́ть-вы́слать
[븨실라찌-븨슬라찌]
[븨실라찌 뻐씰꾸]

불완-완 보내다, 발송하다, 파견하다
~ посы́лку 소포를 보내다

выход
[븨허트]

남 나가는 것, 나오는 것, 발행, 발간

выходи́ть-вы́йти
[븨하지찌-븨이찌]
[븨이찌 자무쉬]

불완-완 나오다, 나가다, 떠나다
~ за́муж 결혼하다(여자)

выходно́й
[븨하드노이]

형 외출의, 휴가의
남 휴일

вычита́ние
[븨치따니에]

중 뺄셈

вы́шка
[븨쉬까]

여 탑

Г

гадáть-погадáть
[가다찌-빠가다찌]
불완–완 추측하다, 예측하다

газ
[가스]
[쁘리로드느이 가스]
남 가스, 기체
приро́дный ~ 천연가스

газе́та
[가제따]
남 신문

газопрово́д
[가저쁘라보트]
남 가스관, 가스수송관

галере́я
[갈리레야]
여 복도, 화랑

га́лстук
[갈스뚝]
남 넥타이

гара́ж
[가라쉬]
남 차고, 자동차수리소

гара́нтия
[가란찌야]
여 보증, 보장, 담보

гардеро́б
[가르제로프]
남 옷장, 옷보관실

гармо́ния
[가르모니야]
여 조화, 화음

гвоздь
[그뽀쉬]
남 못

где
[그제]
부 어디에, 어느곳에

гекта́р
[곅따르]
남 헥타르

генера́л
[게네랄]
남 장군

генера́льный
[게네랄늬이]
[게네랄늬이 쁘라꾸로르]
[게네랄늬이 디롁떠르]

형 일반적인, 총체적인
~ый прокуро́р 검찰총장
~ый дире́ктор 총장

геогра́фия
[게아그라피야]

여 지리학, 지리

геоло́гия
[게알로기야]

여 지질학

герб
[게르프]

남 (국가·시 등의) 문장

Герма́ния
[게르마니야]
[게르마네쯔]
[게르만까]

여 독일
남 герма́нец
여 ~нка

герои́ня
[게로이냐]

여 여걸, 여자영웅, 여주인공

геро́й
[게로이]

남 영웅

ги́бель
[기벨]

여 멸망, 파멸, 죽음

ги́бкость
[깁꺼스찌]

여 유연성, 탄력성

гига́нтский
[기간스끼이]

형 거다한, 막대한, 비상한

гид
[기트]

남 여행가이드

гидроэне́ргия
[기드러에네르기야]

여 수력

гимна́зия
[김나지야]

여 중학교

гимна́стика
[김나스찌까]

여 체조

гита́ра
[기따라]

여 기타(악기)

глава́
[글라바]

여 우두머리, 지도자

гла́вный
[글라브늬이]

형 주요한, 주되는, 주임의

глаго́л
[글라골]

남 동사

гла́дкий
[글라드끼이]

형 미끄러운, 평평한, 평탄한

глаз
[글라스]

남 눈, 시력

гли́на
[글리나]

여 점토

глубина́
[글루비나]

여 깊이, 심도

глубо́кий
[글루보끼이]

형 깊은, 깊숙한

глу́пый
[글루쁘이]

형 우둔한, 어리석은

глухо́й
[글루호이]

형 귀먹은, 무관심한 남 귀머거리

гляде́ть-погляде́ть
[글랴졔찌-빠글랴졔찌]

불완-완 в(на) кого-что 보다 바라보다

гнездо́
[그네즈도]

중 새둥지

говори́ть-сказа́ть
[거버리찌-스까자찌]

불완-완 말하다, 이야기하다

говя́дина
[가뱌지나]

여 소고기

год
[고트]
- 명 해, 년, 년도

годово́й
["가다보이
가다보이 쁠란"]
- 형 1년의, 연1회의
  ~ план 연간계획

гол
[골]
- 명 골(스포츠)

голова́
[갈라바]
- 여 머리

го́лод
[골러트]
- 명 굶주림, 기근, 기아

го́лос
[골러스]
- 명 ①목소리, 소리 ②투표권

голосова́ние
[갈라싸바니에]
- 중 투표, 표결

голубо́й
[갈루보이]
- 형 푸른, 하늘색

Гонко́нг
[간꽁]
- 명 홍콩

гора́
[가라]
- 여 산

гора́здо
[가라즈더]
- 부 훨씬, 비할 바 없이

го́рдость
[고르더스찌]
- 여 자랑, 긍지

го́рдый
[고르드이]
- 형 자랑스러운, 긍지를 가지는, 자부심을 가지는

горе́ть-сгоре́ть
[가레찌-스가레찌]
- 불완-완 타다, 불타다

горизо́нт
[가리존트]
- 명 지평선, 수평선

гори́лла
[거릴라]
여 고릴라

го́рло
[고를러]
중 목, 목구멍

гормо́н
[가르몬]
남 호르몬

го́род
[고라트]
남 도시

го́рький
[고리끼이]
형 ①쓴, 매운 ②슬픈

горя́чий
[가랴치이]
형 뜨거운, 더운

госпитализа́ция
[가스삐딸리자찌야]
여 입원

го́спиталь
[고스삐딸]
남 병원

господа́!
[가스빠다!]
복 여러분!

господи́н
[가스빠진]
남 신사, …씨

госпожа́
[가스빠좌]
여 여사, …씨

гости́ная
[가스찐나야]
여 객실

гости́ница
[가스찌니짜]
여 호텔

гость
[고스찌]
남 손님

госуда́рственный
[가수다르스트벤느이]
형 국가의
~ая власть 정권
~ый банк 국립은행

госудáрство
[가수다르스트버]

중 국가

готóвить-пригото́вить
[가또비찌-쁘리가또비찌]

불완–완 준비하다, 마련하다

гото́вый
[가또브이]

형 к чему́ 준비된

град
[그라트]

남 우박

гра́дус
[그라두스]

남 (온도의) 도, (알코올 음료의) 도수

гражда́не!
[그라쥐다네]

복 여러분!

граждани́н, гражда́нка
[그라쥐다닌]
[그라쥐단까]

남 여 국민, 시민

гражда́нский
[그라쥐단스끼이]

형 국민의, 시민의

гражда́нство
[그라쥐단스뜨버]

중 국적

грамм
[그람]

남 그램

грамма́тика
[그라마찌까]

여 문법

гра́мотный
[그라머뜨늬이]

형 읽고 쓸줄 아는, 학식있는, 유식한

грани́ца
[그라니짜]
[가수다르스뜨벤나야 그라니짜]

여 경계, 경계선
госуда́рственная ~ 국경

гра́фик
[그라픽]

남 도표, 표, 그래프

гриб
[그리프]
남 버섯

грипп
[그립]
남 유행성 감기

гроза́
[그라자]
여 소나기

гром
[그롬]
남 천둥

гро́мкий
[그롬끼이]
형 큰 소리의, 우렁찬

грудь
[그루찌]
여 가슴, 흉부

груз
[그루스]
남 짐, 화물

Грузи́я
[그루지야]
[그루진]
[그루진까]
여 그루지아
남 грузи́н
여 ~ка

грузово́й
[그루자보이]
형 화물의, 짐의

грунт
[그룬뜨]
남 땅, 토지

гру́ппа
[그룹빠]
여 그룹, 조

гру́стный
[그루스느이]
형 슬픈, 쓸쓸한

гру́ша
[그루샤]
여 배, 배나무

губа́
[구바]
여 입술

гуля́ть
[굴랴찌]
불완 산책하다, 거닐다

Д

гуманизм
[구마니즘]
남 인도주의

гусь
[구시]
남 거위

да
[다]
조 예, 그렇습니다
접 …와(과), 및

давать-дать
[다바찌–다찌]
불완-완 주다, 부여하다

давление
[다블레니에]
중 압력

давний
[다브니이]
형 오랜, 오래전의

даже
[다줴]
조 …도, …까지

далее
[달레에]
부 그 다음에

далёкий
[달료끼이]
형 먼, 먼곳의

дальнейший
[달네이쉬이]
형 향후의, 이후의

дальность
[달너스찌]
[달너스찌]
여 거리, 원거리
~ полёта 비행거리

дама
[다마]
여 부인, 귀부인

дамба
[담바]
여 둑, 제방

данные
[단느에]
복 자료

дар
[다르]
남 선물, 기념품, 재능

дари́ть-подари́ть [다리찌-빠다리찌]	불완-완 кому́ что (물건을) 주다, 기증하다, 선물하다
да́та [다따]	여 날짜, 연월일
да́ча [다자]	여 별장
два [드바]	수 (여 две) 2
два́дцать [드밧짜찌]	수 20
двена́дцать [드베낫짜찌]	수 12
дверь [드베리]	여 문
две́сти [드베스찌]	수 200
дви́гатель [드비가쪨]	남 원동기, 엔진
движе́ние [드비줴니에]	중 움직임, 운동
двоето́чие [드버에또치에]	중 콜론(:)
дво́йня [드보이냐]	여 쌍둥이
дворе́ц [드바례쯔]	남 궁, 궁전
деви́з [제비스]	남 신조, 좌우명
де́вочка [제버치까]	여 소녀

де́вушка
[제부쉬까]

여 아가씨, 처녀

девяно́сто
[제비노스따]

수 90

девятна́дцать
[제빗낫짜찌]

수 19

де́вять
[제빗찌]

수 9

девятьсо́т
[제빗숏]

수 900

де́душка
[제두쉬까]

남 할아버지

дежу́рный
[제주르느이]

형 당번의, 당직의
남 ~ый
여 ~ая 당직자

де́йствие
[제이스뜨비에]

중 움직임, 행동, 동작, 작용

де́йствовать
[제이스뜨버바찌]

불완 행동하다, 활동하다, 움직이다

дека́брь
[제까브리]

남 12월

дека́н
[제깐]

남 학장

деклара́ция
[제클라라찌야]

여 선언, 선언문, 신고

декора́ция
[제까라찌야]

여 무대장치, 무대미술, 배경, 장식

де́лать-сде́лать
[젤라찌-즈젤라찌]

불완-완 하다, 일을하다, 만들다, 제조하다

делега́т
[젤레갓]

남 대표자

делегáция
[젤레가찌야]

여 대표단

делéние
[젤레니에]

남 나누기, 분배

**делить-раздели́ть,
подели́ть**
[젤리찌-라스젤리찌]
[빠젤리찌]

불완-완 나누다, 분류하다, 구분하다

дéло
[젤러]

중 일, 일손

демилитаризáция
[데밀리따리자찌야]

여 비무장화

демокрáтия
[제마끄라찌야]

여 민주주의

дéмон
[제먼]

남 악마, 마귀

демонстрáция
[제만스뜨라찌야]

여 설명, 전시, 대중적 행동, 데모, 시위

дéмпинг
[뎀삔그]

남 덤핑

день
[젠]
[젠 라스줴니야]

남 낮
~ рождéния 생일

дéньги
[젠기]

복 돈, 금전

депутáт
[제뿌땃]

남 의원

деревня
[제레브냐]

여 농촌, 마을, 시골

дéрево
[제레버]

중 나무

Д

держа́ва
[제르좌바]

여 강국

держа́ть
[제르좌찌]

불완 쥐다, 붙잡다

десе́рт
[지쎄르트]

남 디저트

де́сять
[제시찌]

수 10

дета́ль
[지딸]

여 상세, 부품

детекти́в
[지쩩찌브]

남 탐정, 탐정소설

де́ти
[제찌]

복 아이들, 어린이들

де́тский
[젯스끼이]
[젯스까야 이그루쉬까]
[젯스끼이 싸트]

형 아동의, 어린이의
~ая игру́шка 장난감
~ий сад 유치원

де́тство
[젯스뜨버]

중 유년시절, 어린시절

дефе́кт
[지펙트]

남 결함, 결점

дефици́т
[지피찟]

남 적자, 결손, 부족, 결핍

дешёвый
[지쇼브이]

형 값이 싼

де́ятель
[제야쩰]

남 활동가, 사업가

де́ятельность
[제야쩰너스찌]

여 활동, 사업, 업무

джем
[쳄]

남 잼

джи́нсы [쥔스이] — 복 청바지

диабе́т [지아벳] — 남 당뇨

диа́гноз [지아그너스] — 남 진단

диале́кт [지알렉트] — 남 방언, 사투리

диало́г [지알로크] — 남 대화, 문답

диа́метр [지아메뜨르] — 남 직경, 지름

дива́н [지반] — 남 소파

дие́та [지에따] — 여 다이어트, 식이요법

диза́йн [디자인] — 남 디자인

ди́кий [지끼이] — 형 야만적인, 미개한, 미생의

дикта́нт [직딴뜨] — 남 받아쓰기

динами́ческий [지나미체스끼이] — 형 역학적인, 동적인

дина́стия [지나스찌야] — 여 왕조

дипло́м [지쁠롬] — 남 졸업증

дипломати́ческий [지쁠러마찌체스끼이] [지쁠러마찌체스끼에 앗뜨너쉐니야] — 형 외교의, 외교적인
~ие отноше́ния 외교관계

Д

диплома́тия
[지쁠러마찌야]

여 외교, 외교활동

дире́ктор
[지렉떠르]

남 지도자, 관리자

диск
[디스크]

남 디스크(전산)

дискримина́ция
[지스크리미나찌야]

여 차별
ра́совая ~ 인종차별

диску́ссия
[지스꾸씨야]

여 논쟁, 토론

диспепси́я
[지스뻽시야]

여 소화불량

диссерта́ция
[지쎄르따찌야]

여 학위논문

диста́нция
[지스딴찌야]
[들린나야 지스딴찌야]

여 거리, 간격
дли́нная ~ 장거리

длина́
[들리나]
[이즈메랴찌 들리누]

여 길이
измеря́ть ~у 길이를 재다

дли́тельность
[들리쪨너스찌]

여 (시간의) 장기성, 지속

дли́тельный
[들리쪨느이]
[들리쪨나야 까만지로프까]

형 오래끄는, 오래 계속되는
~ая командиро́вка 장기출장

дли́ть-продли́ть
[들리찌-쁘라들리찌]
[들리찌 젤러]

불완–완 지연시키다
~ де́ло 일을 지연시키다

для
[들랴]

전 кого-чего …를 위하여, …를 위한

дневни́к
[드녜브닉]

남 일기, 일지
вести́ ~ 일기를 쓰다

днём
[드뇸]

부 낮에

дно
[드노]

중 (밑)바닥, 밑창

до
[도]
[다 마스끄비]
[다 씨흐 뽀르]
[다 앗뜨예즈다]

전 кого-чего ①…까지 ②…전
до Москвы́ 모스크바까지
до сих пор 지금까지
до отъе́зда 떠나기전

добавля́ть-доба́вить
[다바블랴찌-다바비찌]

불완-완 추가하다, 더하다

до́брый
[도브로이]

형 착한, 선량한

добыва́ть-добы́ть
[다븨바찌-다븨찌]

불완-완 얻다, 구하다, 획득하다

добы́ча
[다븨차]

여 채굴, 채굴량

дове́рие
[다베리에]

중 믿음, 신임, 신뢰

доверя́ть-дове́рить
[다베랴찌-다베리찌]

불완-완 믿다, 신임하다, 신뢰하다, 위임하다, 맡기다

дово́льный
[다볼느이]

형 만족한, 흐뭇한, 충분한

доводи́ть-довести́
[다바지찌-다베스찌]
[다바지찌 다 베듸]

불완-완 куда …까지 데려다주다, (어떤상태에) 이르게 하다
~ до беды́ 불행하게 만들다

дога́дка
[다가뜨까]

여 추측, 짐작

догова́риваться-договори́ться
[다가바리밧짜-다가바릿짜]

불완-완 о чём 서로 약속하다, 협정하다

Д

договóр
[다가보르]

남 조약, 계약
заключáть ~ 조약(계약)을 체결하다

договорённость
[다가바료느너스찌]

여 합의, 약속

дождь
[도쉬]

남 비스킷

докáзывать-доказáть
[다까즤바찌-다까자찌]

불완-완 증명하다, 입증하다

доклáд
[다끌라트]

남 보고, 보고서
дéлать ~ 보고하다

дóктор
[독떠르]

남 의사, 박사

докумéнт
[다꾸멘트]

남 문건, 문서, 서류

долг
[돌크]

남 의무, 임무

дóлгий
[돌기이]

형 오랜, 장기간의, 긴

дóлжность
[돌쥬너스찌]

여 직무, 직책, 직위

дóлжный
[돌쥬느이]

형 당연한, 당연히 해야할, 의무적인, 해야하는

дóллар
[돌라르]

남 달러

дóля
[돌랴]

여 몫, 부분, 배당

дом
[돔]

남 집, 주택

домашний
[다마쉬니이]

형 가정의, 집안의, 집의
~ие живо́тные 가축

домохозя́йка
[다마하쟈이까]

여 주부

домрабо́тница
[담라보뜨니짜]

여 가사도우미

допи́сывать-дописа́ть
[다삐싀바찌-다삐싸찌]

불완-완 다쓰다, 덧쓰다

дополне́ние
[다빨녜니에]

중 추가, 부가, 첨가

дополни́тельный
[다빨니쪨느이]

형 추가적인, 보충의

допро́с
[다쁘로스]

남 심문, 취조

допуска́ть-допусти́ть
[다뿌스까찌-다뿌스찌찌]

불완-완 до кого-чего; к кому-чему (통행·입장·면회·접근따위를) 허가하다

доро́га
[다로가]

여 길, 도로

дорого́й
[다라고이]

형 비싼, 귀중한, 존귀한

доска́
[다스까]

여 널판지, 판

досмо́тр
[다스모뜨르]
[따모젠늬이 다스모뜨르]

남 검사
тамо́женный ~ 세관검사

досро́чный
[다스로치느이]

형 기한전의

Д

доста́вка
[다스따프까]

여 배달, 송달, 송부

доставля́ть-доста́вить
[다스따블랴찌-다스따비찌]

불완-완 실어오다, 제공하다, 가져다주다

достига́ть-дости́гнуть
[다스찌가찌-다스찌그누찌]

불완-완 이르다, 도달하다

достиже́ние
[다스찌줴니에]

중 달성, 성취, 도달

досто́инство
[다스또인스뜨버]

중 장점

досто́йный
[다스또인늬이]

형 чего …할만 한, …할 자격이 있는

досту́пный
[다스뚭쁘늬이]

형 통과할 수 있는, 접근할 수 있는

дохо́д
[다호트]

남 수입, 소득

доходи́ть-дойти́
[다하지찌-다이찌]

불완-완 …까지 걸어가다(오다), 이르다, 달하다

дочь
[도치]

여 딸

драгоце́нный
[드라가쩬느이]

형 귀중한, 고귀한

драко́н
[드라콘]

남 용

дра́ма
[드라마]

여 연극, 극작품

дре́вность
[드레브너스찌]

여 옛날, 고대

друг
[드루크]

남 벗, 친구

друго́й
[드루고이]

형 다른, 별개의

дру́жный
[드루쥐느이]

형 사이좋은, 친한, 화목한

дуб
[두쁘]

남 참나무

ду́ма
[두마]

여 생각, 사고
Госуда́рственная ~ 러시아 국회

ду́мать-поду́мать
[두마찌-빠두마찌]

불완-완 생각하다

ду́ра
[두라]

여 바보

дуть
[두찌]

불완 불다, 불어오다

дух
[두흐]

남 정신, 혼

духи́
[두히]

복 향수

духо́вный
[두호브느이]

형 정신적인, 정신의, 종교의

душ
[두쉬]

남 샤워

душа́
[두솨]

여 마음, 정신

душе́вный
[두쉐브느이]

형 정신의, 마음의

ду́шный
[두쉬느이]

형 무더운, 숨쉬기 답답한, 숨막히는

Д

дым
[딤]

남 연기

ды́ня
[디냐]

여 참외, 멜론

дыра́
[디라]

여 구멍

дыха́ние
[디하니에]

중 호흡, 숨, 숨쉬기

дыша́ть-дохну́ть
[디샤찌-다호누찌]

불완-완 숨쉬다, 호흡하다

дя́дя
[쟈쟈]

남 삼촌, 아저씨

Е

Европа
[에브로빠]
여 유럽

**европе́ц,
европе́йка,
европе́йцы**
[예쁘러뼤찌]
[에브러뼤이까]
[에브러뼤이쯰]
남 여 복 유럽사람

еда́
[이다]
여 식사, 음식

едини́ца
[이지니짜]
여 1, 단위

единогла́сие
[이지나글라씨에]
중 만장일치

еди́нственный
[이진스뜨벤느이]
형 단하나의, 유일한

еди́ный
[이지느이]
형 하나의, 단일의, 통일된

ежего́дный
[이쥐고드느이]
[이쥐고드너에 메러쁘리야찌에]
형 매년의
~ое мероприя́тие 연례행사

ежедне́вный
[이쥐드네브느이]
[이쥐드네브나야 가제따]
형 매일의
~ая газе́та 일간신문

ежеме́сячный
[이쥐메샤치느이]
[이쥐메샤치느이 주르날]
형 매달의
~ый журна́л 월간잡지

еженеде́льный
[이쥐네젤느이]
형 매주의

е́здить-е́хать
[에즈지찌-예하찌]
불완-완 타고가다, 타고 다니다

ёлка
[욜까]
여 전나무, 크리스마스 트리

éсли
[예슬리]

접 만약, 만일, …경우에는

естéственный
[이스쩨스뜨벤느이]
[이스쩨스뜨벤느에 나우끼]

형 자연의, 천연의, 자연적인
~ые наýки 자연과학

есть
[예스찌]

불완 ①먹다 ②→быть

ещё
[이쇼]
[이쇼 라스]
[다이쩨 이쇼]

부 더, 또, 다시
~ раз 다시한번
дáйте ~ 더 주세요

Ж

жа́ба
[좌바]
- 여 두꺼비

жа́дность
[좌드너스찌]
- 여 욕심

жаке́т
[좌껫]
- 남 자켓

жале́ть-пожале́ть
[좔레찌-빠좔레찌]
- 불완-완 가엽게 여기다, 동정하다

жаль
[좔]
- 술어 유감스럽다, 안타깝다

жара́
[좌라]
- 여 더위, 무더위

жа́ренный
[좌렌느이]
[좌렌느이 까르또쉬까]
- 형 볶은, 구운, 튀긴
  ~ая карто́шка 감자튀김

жа́рить
[좌리찌]
- 불완 볶다, 지지다, 굽다

жа́ркий
[좌르끼이]
- 형 더운, 뜨거운

жать
[좌찌]
[좌찌 루꾸]
- 불완 ①누르다, 쥐다 ②추수하다
  ~ ру́ку 악수하다

жва́чка
[쥐바츠까]
- 여 껌

ждать
[쥐다찌]
[쥐다찌 거스쩨이]
- 불완 кого-чего 기다리다
  ~ госте́й 손님을 기다리다

жева́ть
[줴바찌]
- 불완 씹다

жела́ние
[줼라니에]
- 중 희망, 소원

желáть-пожелáть
[쩰라찌-빠쩰라찌]

불완-완 바라다, 소원하다

железнодорóжный
[쩰레즈너다로쥐느이]
[쩰레즈너다로쥐느이 빌롓]
[쩰레즈너다로쥐느이 바그잘]

형 철길의, 철도의
~ый билéт 기차표
~ый вокзáл 기차역

желéзо
[쩰레자]

중 쇠, 철

жёлтый
[죨뜨이]
[죨뜨야 까르떠치까]

형 노란색의, 황색의
~ая кáрточка 옐로우카드

желýдок
[쩰루덕]

남 위(신체)

жéмчуг
[쩸축]

남 진주

женá
[쩨나]

여 처, 아내, 부인

женúться
[쩨닛짜]

불완 на ком 결혼하다(남자가)

жéнский
[쩬스끼이]
[쩬스끼이 뽈]

형 여자의, 여성의
~ий пол 여성

жéнщина
[쩬쉬나]

여 여자

женьшéнь
[쩬쎈]

남 인삼

жéртва
[쩨르뜨바]

여 희생, 희생자

жест
[쩨스뜨]

남 제스처, 몸짓

жёсткий
[죠스끼이]

형 딱딱한, 뻣뻣한

жечь
[줴치]

불완 태우다, 굽다, 데우다

живо́й
[쥐보이]
[쥐보에 수쉐스뜨버]

형 살아있는, 생명이 있는
~ое существо́ 생물

живопи́сец
[쥐버삐쎄쯔]

남 화가

живопи́сь
[쥐바삐시]

여 그림, 회화

живо́т
[쥐봇]
[레좌씨 나 쥐보쩨]

남 배, 복부
лежа́ть на ~é 엎드려있다.

живо́тное
[쥐보뜨너에]

중 동물

жи́дкий
[쥐뜨끼이]

형 액체의

жи́дкость
[쥐뜨꺼스찌]

여 액체

жизнь
[쥐즌]

여 목숨, 생명, 삶

жильё
[쥘리요]

중 주거, 주택

жир
[쥐르]

남 기름, 지방

жира́ф
[쥐라프]

남 기린

жи́рный
[쥐르느이]

형 기름진, 기름이 많은, 살찐

жи́тель
[쥐쩰]

남 주민, 거주자

жить
[쥐찌]

불완 살아있다, 생활하다, 거주하다.

житьё
[쥐찌요]

중 생활, 살림살이

журна́л
[주르날]

남 잡지

журнали́ст
[주르날리스뜨]

남 기자

3

за
[자]
전 ①(위치) 뒤에, 건너편에, 밖에 ②(방향) 뒤로, 밖으로 ③뒤따라, 뒤이어 ④가까이에, 곁에 ⑤(원인) …때문에

забастóвка
[자바스또프까]
여 파업

заберéменеть
[자베례메네찌]
완 임신하다

забóтиться
[자보찟짜]
불완 근심하다, 걱정하다

заболевáние
[자발례바니에]
중 병, 질병

заболевáть-заболéть
[자발례바찌-자발례찌]
불완-완 발병하다, 병에 걸리다, 아프다.

забóта
[자보따]
여 근심, 걱정

забывáть-забы́ть
[자븨바찌-자븨찌]
불완-완 잊다, 잊어버리다

заведéние
[자베졔니에]
[우체브너예 자베졔니에]
중 기관, 시설
учéбное ~ 교육기관, 학교

завéдующий
[제베두유쉬]
남 지배인, 관리자, 책임자

заверты́вать-заверну́ть
[자보르띄바찌-자베르뜨누찌]
불완-완 싸다, 둘러싸다, 포장하다

заверша́ть-заверши́ть
[자베르샤찌-자베르쉬찌]
불완-완 완성하다, 완수하다

заверша́ться-заверши́ться
[자베르샷짜-자베르쉿짜]
불완-완 чем 끝나다, 완료하다

77

завершéние
[자베르셰니예]

중 성취, 완성, 완수

зави́довать-позави́довать
[자비더바찌-빠자비더바찌]

불완-완 кому-чему 부러워하다

зави́сеть
[자비세찌]

불완 от кого-чего 의존하다, 종속 관계에 있다

зави́симый
[자비시므이]

여 종속, 의존

заво́д
[자보트]

남 공장

за́втра
[자프뜨라]

부 내일

за́втрак
[자프뜨락]

남 아침식사

за́втракать-поза́втракать
[자프뜨라까찌-빠자프뜨라까찌]

불완-완 아침식사를 하다

за́втрашний
[자프뜨라쉬니이]

형 내일의

завя́зка
[자뱌스까]

여 끈, 줄

зага́дка
[자가트까]

여 수수께끼

загова́ривать-заговори́ть
[자가바리바찌-자가바리찌]

불완-완 말하기 시작하다, 입을 떼다

за́городный
[자거러드느이]

형 교외의, 시외의

заграни́ца
[자그라니짜]

여 외국, 국외

загру́зка
[자그루스까]

여 싣는것, 적재

загрязне́ние
[자그랴즈녜니에]

중 오염

задава́ть-зада́ть
[자다바찌-자다찌]
[자다바찌 바쁘로스]

불완-완 주다
~ вопро́с 질문하다

зада́ние
[자다니에]
[다마쉬녜에 자다니에]

중 과제, 임무
дома́шнее ~ 숙제

зада́ча
[자다차]
[레샤찌 자다추]

여 과제, 문제
реша́ть ~у 문제를 풀다

заде́ржка
[자데르쉬까]

여 지체, 정체

за́дний
[자드니이]

형 뒤의, 뒤쪽의

**заду́мываться-
заду́маться**
[자두븨밧쨔-자두맛찌]

불완-완 생각에 잠기다, 깊이 생각하다

заём
[자옴]

남 부채, 빚

зажига́лка
[자쥐갈까]

여 라이터

зажига́ние
[자쥐가니에]

중 점화

заи́мствовать
[자임스뜨바바찌]

불완-완 차용하다

заинтересова́ть
[자인쩨레서바찌]

→интересова́ть

зака́з
[자까스]
[졜라찌 자까스]

남 주문
де́лать ~ 주문하다

зака́зчик
[자까즤]

남 주문자

зака́зывать-заказа́ть
[자까즤바찌-자까자찌]

불완-완 주문하다

зака́нчивать-зако́нчить
[자깐치바찌-자꼰치찌]

불완-완 끝마치다, 끝내다

заключа́ть-заключи́ть
[자클류차찌-자클류치찌]

불완-완 (조약 등을) 맺다, 체결하다, 결론짓다

заключа́ться-заключи́ться
[자클류찻짜-자클류칫짜]

불완-완 в чём …에 있다, …라고 하는데 있다, …로 되다

заключе́ние
[자클류체니에]

중 체결, 결론

зако́н
[자꼰]
[자꼰 아 인베스찌찌이]

남 법칙, 법, 법령
~ о инвести́ции 투자법

законода́тельство
[자꺼나다쩰스버]

중 입법, 법률 제정

закономе́рный
[자꺼나메르늬]

형 적법의, 합법의

законопрое́кт
[자꺼너쁘라엑트]

남 법안, 법률안

закрепля́ть-закрепи́ть
[자끄레쁠랴찌-자끄레뻬찌]

불완-완 고정시키다, 견고하게 하다

закрыва́ть-закры́ть
[자끄릐바찌-자크릐찌]

불완-완 닫다, 끄다, 가리다

закры́тие
[자크릐찌에]

중 닫는것, 폐쇄

заку́пка
[자꿉까]

여 구매, 구입, 수매

заку́ска
[자꾸스까]

여 반찬, 안주

зал
[잘]

남 홀, 강당

зало́г
[잘로크]

남 저당, 담보

замедле́ние
[자메들레니에]

중 지체, 지연

замедля́ть-заме́длить
[자메들랴찌-자메들리찌]

불완-완 지연시키다, 늦추다

заме́на
[자메나]

여 교환, 교대

заменя́ть-замени́ть
[자메냐찌-자메니찌]

불완-완 바꾸다, 교대하다, 교체하다

заме́тка
[자메트까]

여 기사, 메모, 비고

замо́к
[자목]

중 자물쇠

замора́живать-заморо́зить
[자마라쥐바찌-자마로지찌]

불완-완 동결시키다, 냉각시키다, 냉동하다

за́муж
[자무쉬]
[븨하지찌 자무쉬]

부 выходи́ть ~ 시집가다

занаве́ска
[자나베스까]

여 커튼

занима́ть-заня́ть
[자니마찌-자냐찌]

불완-완 (위치 등을) 차지하다, (시간이) 걸리다

занима́ться-заня́ться
[자니맛짜-자냣짜]

불완-완 чем …을 하다, …에 종사하다

заня́тие
[자냐찌에]

중 일, 사업

за́пад
[자빠트]

남 서쪽

запа́с
[자빠스]

남 재고, 예비품

за́пах
[자빠흐]

남 냄새, 향기

запи́сывать-записа́ть
[자삐싀바찌-자삐싸찌]

불완-완 적어두다, 기입하다, 등록하다

за́пись
[자삐시]

여 필기, 녹음

заплати́ть
[자쁠라찌찌]

→плати́ть

запозда́ние
[자빠즈다니에]

중 지연, 지각

запомина́ть-запо́мнить
[자빠미나찌-자뽐니찌]

불완-완 기억하다

запре́т
[자쁘렛]

남 금지

запреща́ть-запрети́ть
[자쁘레샤찌-자쁘레찌찌]

불완-완 что кому 금지하다, 말리다

**запреща́ться-
запрети́ться**
[자쁘레샷짜–자쁘레찟짜]
[쁘라호트 자쁘레사옛짜]

불완-완 금지시키다
прохо́д ~ща́ется 통행금지

запро́с
[자쁘로스]

남 조회, 문의

запята́я
[자삐따야]

여 구두점(,)

**зараба́тывать-
зарабо́тать**
[자라바띄바찌–자라보따찌]

불완-완 돈을 벌다

зара́нее
[자라네에]

부 미리, 사전에

зарпла́та
[자르쁠라따]

여 임금, 봉급

заседа́ние
[자세다니에]

중 회의, 모임

заслу́га
[자슬루가]

여 공훈, 공로, 업적

засто́й
[자스또이]

남 정체, 침체, 불경기

за́суха
[자쑤하]

여 가뭄

зате́м
[자쩸]

부 다음에, 그 후에

затра́та
[자뜨라따]

여 소비, 지출

**затра́чивать-
затра́тить**
[자뜨라치바찌–자뜨라찌찌]

불완-완 쓰다, 사용하다, 소모하다

затя́жка
[자쨔쥐까]

여 지체, 지연

захва́тывать-захвати́ть
[자흐바띠바찌-자흐바찌찌]

불완-완 움켜쥐다

заходи́ть-зайти́
[자하지찌-자이찌]

불완-완 들르다

заче́м
[자쳄]

부 왜, 어째서, 무엇때문에

зачёт
[자춋]

남 중간시험, 보조시험

зачисле́ние
[자치슬례니에]

중 편입

зачисля́ть-зачи́слить
[자치슬랴찌-자치슬리찌]

불완-완 등록하다, 편입시키다

защи́та
[자쉬따]

여 보호

защища́ть-защити́ть
[자쉬샤찌-자쉬찌찌]

불완-완 보호하다, 방어하다, 변호하다

зая́вка
[자야프까]
[쁘레드스따블랴찌 쟈야프꾸]

여 신청서, 청구서
представля́ть ~у
신청서를 제출하다

заявле́ние
[자이블례니에]

중 성명, 성명서

заявля́ть-заяви́ть
[자이블랴찌-자이비찌]

불완-완 선언하다, 신고하다, 제출하다

за́яц
[자야쯔]

남 토끼

звать
[즈바찌]

불완 부르다, 초대하다

звезда́
[즈베즈다]

여 별

звено́
[즈비노]

중 고리

зверь
[즈베리]

남 짐승

звони́ть-позвони́ть
[즈바니찌-빠즈바니찌]

불완–완 (종이) 울리다, 소리가 나다, 전화를 걸다

звоно́к
[즈바녹]

남 초인종, 종, 종소리

звук
[즈북]

남 소리, 음성

звукоза́пись
[즈부꺼자삐시]

여 녹음

звуча́ние
[즈부차니에]

중 소리나는 것

**звуча́ть-
прозвуча́ть**
[즈부차찌–쁘러즈부차찌]

불완–완 소리가 나다, 울리다

зда́ние
[즈다니에]

중 건물

здесь
[즈제시]

부 여기, 여기에

**здоро́ваться-
поздоро́ваться**
[즈다로밧짜–빠즈다로밧짜]

불완–완 с кем 인사를 나누다

здоро́вый
[즈다로브이]

형 건강한, 튼튼한

здоро́вье
[즈다로비에]

중 건강

зе́бра
[제브라]

여 얼룩말

зевота
[제보따]

여 하품

зелёный
[젤룐느이]

형 초록색

земледелие
[지믈레젤리에]

중 농업, 농사

землетрясение
[지믈레뜨랴쎼니에]

중 지진

земля
[제믈랴]

여 흙, 땅, 토지
Земля 지구

зеркало
[제르깔러]

중 거울

зерно
[제르노]

중 곡물

зима
[지마]

여 겨울

зимний
[짐니이]

형 겨울의

зимой
[지모이]

부 겨울에

зло
[즐로]

중 악

злокачественный
[즐러까체스뜨벤느이]

형 악성의

змея
[즈메야]

여 뱀

знак
[즈낙]

남 기호, 부호

**знакомить-
познакомить**
[즈나꼬미찌-빠즈나꼬미찌]

불완-완 кого с кем-чем 알게하다, 소개하다

знакóмиться-познакóмиться
[즈나꼬밋짜-빠즈나꼬밋짜]

불완-완 с кем-чем 아는 사이가 되다, 사귀다

знакóмство
[즈나꼼스뜨버]

중 아는사이, 교제

знакóмый
[즈나꼬므이]

형 아는, 낯익은

знáние
[즈나니에]

중 지식

знать
[즈나찌]

불완 알다, 이해하다

значéние
[즈나체니에]

중 뜻, 의미

знáчить
[즈나치찌]

불완 의미하다, 의미를 가지다

зóлото
[졸러떠]

중 금, 황금

зóнтик
[존찍]

남 우산

зоопáрк
[자아빠르끄]

남 동물원

зуб
[주쁘]

남 이, 치아

зубнóй
[주브노이]
[주브나야 빠스따]
[주브나야 슛까]

형 치아의
~ая пáста 치약
~ая щётка 칫솔

зубочúстка
[주버치스뜨까]

여 이쑤시개

3

И

и
[이]
접 …와(과), 및, 그리고

и́бо
[이버]
접 왜냐하면, …때문에

игла́
[이글라]
여 바늘

игра́
[이그라]
여 놀이, 경기, 게임

игра́ть-сыгра́ть
[이그라찌-씌그라찌]
불완-완 놀다, 장난하다, (악기 등을) 연주하다

игру́шка
[이그루쉬까]
여 장난감

идеоло́гия
[이데알로기야]
여 사상

идио́т
[이디옷]
남 바보, 멍청이, 백치

идти́
[잇찌]
불완 가다, 오다, 걷다

из
[이즈]
전 …부터, …에서

избавля́ть-изба́вить
[이즈바블랴찌-이즈바비찌]
[이즈바블랴찌 앗 아빠스너스찌]
불완-완 от кого́-чего́ 벗어나게 하다, 구제하다
~ от опа́сности 구출하다

избира́тель
[이즈비라쩰]
남 유권자, 선거인

избира́тельный
[이즈비라쩰느이]
[이즈비라쩰나야 깜빠니야]
형 선거의
~ая кампа́ния 선거운동

изве́стие
[이즈베스찌에]
중 보도, 통신, 소식, 뉴스

изве́стный
[이즈베스느이]

형 알려진, 유명한, 저명한

извиня́ть-извини́ть
[이즈비냐찌-이즈비니찌]

불완-완 кого за что 용서하다

извиня́ться-извини́ться
[이즈비냣짜-이즈비닛짜]

불완-완 용서를 빌다, 사과하다

извлека́ть-извле́чь
[이즈블례까찌-이즈블례치]
[이즈블례까찌 브이버트]
[이즈블례까찌 우록]

불완-완 끄집어 내다, 뽑아내다, 얻어내다
~ вы́вод 결론을 끄집어 내다
~ уро́к 교훈을 얻다

изда́ние
[이즈다니에]

중 발행, 발간

изда́тельство
[이즈다쪨스뜨버]

중 출판사

изде́лие
[이즈젤리에]

중 제품, 생산품

изде́ржки
[이즈졔르쉬끼]

복 지출, 비용, 경비

из-за
[이자]

전 ① …의 뒤로부터, … 뒤에서
② …때문에, …로 인하여

излуче́ние
[이즐루체니에]

중 방사, 발산, 방출

изменя́ть-измени́ть
[이즈메냐찌-이즈메니찌]

불완-완 바꾸다, 변경하다, 개정하다, 수정하다

измере́ние
[이즈메례니에]

중 측정

изображе́ние
[이저브라줴니에]

중 묘사, 그림

И

изобрете́ние
[이저브레쩨니에]
중 발명, 고안, 발명품

изуча́ть-изучи́ть
[이주차찌-이주치찌]
불완-완 배우다, 연구하다, 학습하다

изуче́ние
[이주체니에]
중 연구, 학습

изыска́ние
[이즤스까니에]
중 탐색, 탐구

ико́та
[이꼬따]
여 딸꾹질

икра́
[이끄라]
여 물고기 알

и́ли
[일리]
접 혹은, 또는

иллю́зия
[일류지야]
여 착각, 환상, 망상

иллюстри́ровать
[일류스뜨리러바찌]
불완 완 그림을 그리다, 삽화를 넣다, 예증하다

и́менно
[이멘너]
[이멘너 에떠]
조 바로
~ э́то 바로 이것

име́ть
[이메찌]
불완 가지다, 소유하다

имита́ция
[이미따찌야]
여 모조, 모방, 위조물

иммигра́нт, ~ка
[이미그란뜨, 이미그란뜨까]
남 여 이주민

иммигра́ция
[이미그라찌야]
여 이주

импе́рия
[임뻬리야]
여 제국

и́мпорт
[임뽀르뜨]

남 수입

импорти́ровать
[임뻐르찌러바찌]

불완 완 수입하다

и́мпортный
[임뻐르뜨느이]
[임뻐르뜨늬에 따바리]

형 수입의
~ые това́ры 수입품

и́мпульс
[임뿔스]

남 충동, 자극

иму́щество
[이무쉐스뜨버]

중 재산, 소유물

и́мя
[이먀]

중 이름, 명성

ина́че
[이나체]
[이나체 가바랴]

부 다르게, 달리 접 그렇지 않으면
~ говоря́ 다르게 말하면

инвали́д
[인발리드]

남 노약자

инвести́ция
[인베스찌찌야]

여 투자

индивидуали́зм
[인디비두알리즘]

남 개인주의

И́ндия
[인디야]
[인디예쯔, 인디이짜]

여 인도
남 инди́ец,
여 ~и́йца 인도사람

Индоне́зия
[인다네지야]
[인더네지예쯔, 인더네제이짜]

여 인도네시아
남 индонези́ец
여 ~и́йцa 인도네시아인

индустриализа́ция
[인두스뜨리알리자찌야]

여 공업화

инду́стрия
[인두스뜨리야]

여 공업, 산업

И

инжене́р
[인줴네르]
[인줴네르-스뜨러이쩰]
- 남 기사
  ~-строи́тель 건축기사

инициати́ва
[이니찌아찌바]
- 여 발기, 발의, 주도권, 발의권

иногда́
[이나그다]
- 부 때때로, 가끔, 이따금

ино́й
[이노이]
- 형 다른, 별개의

иностра́нец, ~ка
[이나스뜨라녜쯔, 이나스뜨란까]
- 남 여 외국인

иностра́нный
[이나스뜨란느이]
[이나스뜨란느이 이직]
- 형 외국의
  ~ый язы́к 외국인

институ́т
[인스띠뚜뜨]
- 남 대학, 연구소

инструме́нт
[인스뜨루몐뜨]
[무지깔느이 인스뜨루몐뜨]
- 남 도구, 기구, 악기
  музыка́льный ~ 악기

интегра́ция
[인떼그라찌야]
- 여 통합

интелле́кт
[인뗄롁뜨]
- 남 지성, 지능

интеллектуа́льный
[인뗄롁뚜알느이]
- 형 이성적인, 지적인

интенси́вный
[인뗸씨브느이]
- 형 긴장된, 강도가 높은, 집약적인

интерва́л
[인떼르발]
- 남 사이, 간격, 구간, 거리

интервью́
[인떼르비유]
- 중 인터뷰, 면접

интере́с
[인쩨레스]

남 재미, 흥미, 관심

интересова́ть
[인쩨레싸바찌]

불완 흥미를 느끼게 하다, 흥미를 갖게 하다

интересова́ться
[인쩨레싸밧짜]

불완 кем-чем 흥미를 가지다, 관심을 가지다

интере́сы
[인쩨레싀]

복 이익, 이해관계

инфе́кция
[인펙찌야]

여 전염, 감염

информа́ция
[인파르마찌야]

여 정보, 보도, 통지

информи́ровать
[인파르미러바찌]

불완 кого о чём 통고하다, 통보하다

иска́ть
[이스까찌]

불완 찾다, 찾아다니다, 탐색하다, 모색하다

исключе́ние
[이스끌류체니에]

중 제외, 삭제, 제거

и́скра
[이스끄라]

여 불꽃, 섬광

иску́сственный
[이스꾸스뜨벤느이]

형 인공적인, 인조의

иску́сство
[이스꾸스뜨버]

중 예술

исполня́ть-испо́лнить
[이스빨냐찌-이스뽈니찌]

불완-완 실행하다, 수행하다

испо́льзовать
[이스뽈저바찌]

불완 완 쓰다, 사용하다

исправле́ние
[이스쁘라블레니에]

중 수정

И

исправля́ть-испра́вить
[이스쁘라블랴찌-이스쁘라비찌]

불완-완 고치다, 수정하다

испы́тывать-испыта́ть
[이스쁴띄바찌-이스쁴따찌]

불완-완 시험하다, 실험하다, 겪다, 체험하다

иссле́дование
[이슬레더바니에]

중 연구, 탐구

иссле́довать
[이슬레더바찌]

불완완 연구하다, 조사하다

истека́ть-исте́чь
[이스쩨까찌-이스쩨치]

불완-완 끝나다, 만료되다

истори́ческий
[이스따리체스끼이]

형 역사의, 역사적인

исто́рия
[이스또리야]

여 역사

исто́чник
[이스또치닉]

남 발원, 출처, 원천

исхо́д
[이스호트]

남 결말, 종결

Ита́лия
[이딸리야]
[이딸리야녜쯔]
[이딸리얀싸]

여 이탈리아
남 **италья́нец**
여 ~нца

ито́г
[이또크]

남 총액, 총계

ию́ль
[이율]

남 7월

ию́нь
[이윤]

남 6월

йо́грут
[이오구르뜨]

남 요구르트

94

К

к
[끄]
[전] …에, …로, …까지

ка́бель
[까벨]
[남] 케이블선

кабине́т
[까비넷]
[남] 연구실, 서재

ка́ждый
[까쥐드이]
[형] 각각의, 제각기
[명] 각자

каза́ться-показа́ться
[까잣짜-빠까잣짜]
[불완-완] кому кем-чем 보이다, 생각된다

Казахса́н
[까자흐스딴]
[남] 카자흐스탄

казна́
[까즈나]
[여] 국고

как
[깍]
[부] 어떻게
[접] …와 같다, …처럼, 마치

како́й
[까꼬이]
[형] 어떠한, 어느, 무슨

календа́рь
[깔렌다리]
[남] 달력

кало́рия
[깔로리야]
[여] 칼로리

калькуля́тор
[깔리꿀랴떠르]
[남] 계산기

ка́мень
[까민]
[남] 돌, 바위

ка́мера
[까메라]
[여] 방

кампа́ния
[깜빠니야]
[여] 운동, 캠페인

Кана́да
[까나다]
[까나데쯔]
[까나트까]

여 캐나다
남 кана́дец
여 ~дка 캐나다 사람

кана́л
[까날]

남 운하, 물길

кандида́т
[깐디닷]

남 후보자

кани́кулы
[까니꿀릐]

복 방학, 휴가

капита́л
[까삐딸]

남 자본, 자산

капитали́зм
[까삐딸리즘]

남 자본주의

капита́н
[까삐딴]

남 선장, 함장, 대위

ка́пля
[까쁠랴]
[까쁠리 다쨔]

여 방울
~и дождя́ 빗방울

каранда́ш
[까란다쉬]
[쯔베뜨노이 까란다쉬]

남 연필
цветно́й ~ 색연필

ка́рий
[까리이]

형 갈색의

карма́н
[까르만]

남 호주머니

ка́рта
[까르따]

여 지도

карти́на
[까르찌나]

여 그림

карто́фель
[까르또펠]

남 감자

ка́рточка
[까르떠치까]

여 카드

карье́р
[까리예르]

남 출세, 직업

каса́ться-косну́ться
[까쌋짜-까스눗짜]

불완-완 접촉하다, 건드리다, 언급하다

ка́сса
[까싸]
[빌롓뜨나야 까싸]

여 계산대
　биле́тная ~ 매표소

кассе́та
[까쎄따]

여 카세트

кастрю́ля
[까르뜨룰랴]

여 냄비

катало́г
[까딸로크]

남 목록

катастро́фа
[까따스뜨로파]

여 사고, 참사

ката́ться
[까땃짜]
[까땃짜 나 깐까호]

불완 타고다니다
　~ на конька́х 스케이트를 타다

катего́рия
[까쩨고리야]

여 종류, 등급

като́к
[까똑]

남 스케이트장

като́лик
[까딸릭]

남 카톨릭

кафе́
[까페]

중 카페

ка́федра
[까페드라]

여 강단, 교단, 강좌

K

кафете́рий [까페쩨리이]	남 간이식당(카페)
кача́ть [까차찌]	불완 흔들다
каче́ли [까첼리]	복 그네
ка́чество [까체스뜨버]	중 질, 품질
ка́ша [까샤]	여 죽
ка́шель [까쉘]	남 기침
ка́шлять [까쉴랴찌]	불완 기침하다, 콜록거리다
квадра́т [끄바드랏]	남 정사각형, 정방형
квалифика́ция [끄발리피까찌야]	여 자격, 숙련, 자질
кварта́л [끄바르딸]	남 구, 구역, 분기
кварти́ра [끄바르찌라]	여 아파트
квас [끄바스]	남 크바스(러시아 곡물음료)
кекс [꼑스]	남 케이크
ке́пка [꼡까]	여 캡(모자)
кефи́р [끼피르]	남 케피르, 발효우유

килогрáмм
[낄라그람]

남 킬로그램

киломéтр
[낄라몌뜨르]

남 킬로미터

кинó
[끼노]

중 영화

кинотеáтр
[끼나찌아뜨르]

남 영화관

киóск
[끼오스끄]

남 간이매점

кипéть
[끼뼤찌]

불완 끓다, 끓어오르다

Киргизия
[끼르기지야]
[끼르기즈,]
[끼르기즈까]

여 키르기즈
남 **кирги́з**,
여 **~ка**

кирпи́ч
[끼르삐치]

남 벽돌

кислорóд
[끼슬라로트]

남 산소

ки́слый
[끼슬르이]

형 신, 시큼한

кит
[낏]

남 고래

Китáй
[끼따이]
[끼따예쯔]
[끼따얀까]

남 중국
남 **китáец**,
여 **китáянка**

кишкá
[끼쉬까]

여 내장

клавиатýра
[끌라비아뚜라]

여 (피아노, 타자기의) 건반, 키보드

K

кла́няться-поклони́тся
[끌라냣짜–빠끌라닛짜]

불완–완 кому 인사하다, 절하다

класс
[끌라쓰]

남 계급, 학년, 등, 급

клей
[끌레이]

남 풀, 접착제

клён
[끌룐]

남 단풍나무

клие́нт
[끌리엔뜨]

남 고객, 의뢰인

кли́мат
[끌리맛]
[깐띠넨딸느이 끌리맛]

남 기후
континента́льный ~ 대륙성기후

кли́ника
[끌리니까]

여 (대학부속) 병원, 클리닉

кла́ссик
[끌라씩]

남 고전작가

клуб
[끌루쁘]

남 클럽

клубни́ка
[끌루브니까]

여 딸기

ключ
[끌류치]

남 열쇠

кни́га
[끄니가]

여 책

кно́пка
[끄놉까]

여 압정, 스위치

княги́ня
[끄냐기냐]

여 공작부인

князь
[끄냐시]

남 공작

ковёр
[까보르]
— 남 양탄자, 카페트

когда́
[까그다]
— 부 언제, 어느때에

код
[꼬트]
— 남 암호, 부호

ко́декс
[꼬덱쓰]
[그라쥐단스끼이 꼬덱쓰]
[우갈로브느이 꼬덱쓰]
— 남 법전, 규범
гражда́нский ~ 민법
уголо́вный ~ 형법

ко́жа
[꼬좌]
— 여 살갗, 피부, 가죽

козёл
[까졸]
— 남 수염소, 산양

кокте́йль
[깍떼일]
— 남 칵테일

ко́ла
[꼴라]
— 여 콜라

колеба́ние
[깔레바니에]
— 중 진동, 변동, 동요

колеба́ть-поколеба́ть
[깔레바찌-빠깔레바찌]
— 불완-완 흔들다, 진동하다

коле́но
[깔레나]
— 중 무릎

колесо́
[깔레쏘]
— 중 바퀴, 차바퀴

коли́чество
[깔리체스뜨버]
— 중 수량, 양, 수

колле́га
[깔레가]
— 여 동료

колле́кция
[깔렉찌야]

여 수집, 수집품

ко́локол
[꼴러껄]
[비찌 프 꼴러껄]

남 종
бить в ~ 종을 치다

коло́ния
[깔로니야]

여 식민지

кольцо́
[깔쪼]

중 고리, 반지

команди́р
[까만디르]

남 지휘관

командиро́вка
[까만디로프까]

여 출장, 파견

кома́ндовать
[까만더바찌]

불완 чем 지휘하다

кома́р
[까마르]

남 모기

коме́дия
[까메디야]

여 희극

коми́ссия
[까미씨야]
[이즈비라쩰나야 까미씨야]

여 위원회
избира́тельная ~ 선거위원회

комите́т
[까미쩻]
[이스빨니쩰느이 까미쩻]

남 위원회(경제·문화·사회·정치 분야 등의)

коммента́рий
[까멘따리이]

남 주해, 주석 복 해설, 논평

коммуна́льный
[까무날느이]
[까무날나야 꼬바르찌라]

형 공공의
~ая кварти́ра 공공주택

коммуни́зм
[까무니쯤]

남 공산주의

комната
[꼼나따]

여 방

компания
[깜빠니야]

여 회사

компас
[꼼빠쓰]

남 나침반

компенсация
[깜뻰싸찌야]

여 보상, 배상

комплекс
[꼼쁠렉스]

남 집합체, 총체

комплект
[깜쁠렉뜨]
[깜쁠렉뜨 벨리야]

남 한 벌, 한 조
~ белья 속옷 한 벌

композитор
[깜빠지떠르]

남 작곡가

компьютер
[깜삐유쩨르]

남 컴퓨터

комфорт
[깜포르뜨]

남 안락, 편리

конвенция
[깐벤찌야]

여 협약, 공약

конверт
[깐베르뜨]

남 봉투

конгресс
[깐그레쓰]

남 국제회의

кондиционер
[깐디찌아네르]

남 에어컨

конец
[까녜쯔]

남 끝, 마지막

конечно
[까네쉬너]
[까네치너]

조 물론

коне́чный
[까네치느이]

형 최후의, 마지막의

конкре́тный
[깐끄레뜨느이]
[깐끄레뜨느이 쁠란]

형 구체적인
~ план 구체적인 계획

конкуре́нция
[깐꾸렌찌야]

여 경쟁

ко́нкурс
[꼰꾸르스]

남 경연, 콩쿨

консервато́рия
[깐쎄르바또리야]

여 음악대학

конспе́кт
[깐스뻭뜨]

남 개요

конститу́ция
[깐스찌뚜찌야]

여 헌법

констру́кция
[깐스뜨룩찌야]

여 구성, 구조

консульта́ция
[깐술따찌야]

여 협의, 상담

конта́кт
[깐딱트]

남 접촉

конте́йнер
[깐떼이네르]

남 콘테이너

контине́нт
[깐찌넨뜨]

남 대륙

контра́кт
[깐뜨락뜨]
[자클류차찌 깐뜨락뜨]

남 계약, 계약서
заключа́ть ~ 계약을 맺다

контро́ль
[깐뜨롤]

남 검열, 검사, 감독

конфере́нция
[깐페렌찌야]

여 회의, 대회

конфе́та
[깐페따]

여 사탕

конфли́кт
[깐플릭뜨]

남 충돌, 분쟁, 갈등

концентри́ровать-сконцентри́ровать
[깐쩬뜨리러바찌-스깐쩬뜨리러바찌]

불완-완 집중하다

конце́рт
[깐쩨르뜨]

남 콘서트, 음악회, 연주회

конча́ть-ко́нчить
[깐차찌-꼰치찌]

불완-완 끝내다, 끝마치다, 완료하다

конь
[꼰꾸르스]

남 말

коньки́
[깐끼]

복 스케이트

коопера́ция
[까아뻬라찌야]

여 협동, 협력

копе́йка
[까뻬이까]

여 코페이카(1/100 루블)

ко́пия
[꼬뻬야]

여 사본, 복사

кора́бль
[까라블]

남 배, 선박

ко́рень
[꼬렌]

남 뿌리, 근원, 본질

Коре́я
[까레야]
[까레에쯔, 까레안까]

여 한국
남 коре́ец
여 корея́нка

корзи́на
[까르지나]

여 광주리, 바구니

коридо́р
[까리도르]

남 복도

**корми́ть-
накорми́ть**
[까르미찌-나까르미찌]

불완-완 먹이다, 먹이를 주다

короле́ва
[까랄레바]

여 여왕, 왕비

короле́вство
[까랄롑스뜨버]

중 왕국

коро́ль
[까롤]

남 왕

коро́на
[까로나]

여 왕관

коро́ткий
[까로뜨끼이]

형 짧은, 가까운

корпора́ция
[까르빠라찌야]

여 회사

**корректи́ровать-
прокорректи́ровать**
[까렉찌러바찌-쁘러까렉찌러바찌]

불완-완 수정하다, 정정하다

корреспонде́нт
[까레스빤덴뜨]

남 기자, 통신원

корру́пция
[까룹찌야]

여 뇌물

ко́свенный
[꼬스벤느이]

형 간접적인, 부차적인

косме́тик
[까스메찌까]

남 미용, 화장, 화장품

косми́ческий
[까스미체스끼이]
[까스미체스꺼에 쁘라스뜨란스뜨버]

형 우주의
~ое простра́нство 우주공간

космодро́м [까스마드롬]	남 우주비행장
космона́вт [까스마나프뜨]	남 우주비행사
ко́смос [꼬스머스]	남 우주
костёр [까스쪼르]	남 모닥불
кость [꼬스찌]	여 뼈
костю́м [까스쯈]	남 옷, 의복
кот [꼿]	남 수코양이
кото́рый [까또로이]	의문대 어느, 어떤, 몇번째
ко́фе [꼬페]	중 커피
кошелёк [까셸록]	남 지갑
ко́шка [꼬쉬까]	여 암코양이
кошма́р [까쉬마르]	남 악몽, 좋지 않은 것
краб [크랍]	남 게
край [크라이]	남 끝, 변두리, 모서리
краса́вец [끄라싸베쯔]	남 미남

красáвица
[끄라싸비짜]

여 미인, 미녀

красúвый
[끄라씨브이]

형 아름다운, 고운, 훌륭한

крáсить-покрáсить
[끄라씨찌-빠끄라씨찌]

불완-완 색칠하다, 물들이다

крáска
[끄라스까]

여 도료, 물감

крáсный
[끄라스느이]

형 붉은, 붉은색의

красотá
[끄라싸따]

여 아름다움, 미

крáткий
[끄라뜨끼이]

형 짧은, 간략한, 간단한

кревéтка
[끄레베뜨까]

여 새우

кредúт
[끄레딧]

남 신용, 차관

кредитовáть
[끄레디따바찌]

불완 완 кого-что чем 융자하다, 신용대부하다

кредитóр
[끄레디또르]

남 채권자

крем
[끄렘]

남 크림

кремáция
[끄리마찌야]

여 화장

крéпкий
[끄렙끼이]

형 굳은, 단단한, 튼튼한, 견고한

крéпость
[끄레뻬스찌]

여 요새, 성

крест
[끄레스뜨]
남 십자가

крестья́нин,
крестья́нка
[끄레스찌야닌],
[끄레스찌얀까]
남 여 농민

кри́зис
[끄리지스]
[이커너미체스끼이 크리지스]
남 위기, 공황
экономи́ческий ~ 경제위기

кри́тик
[끄리찍]
남 비평가, 비판가, 평론가

кри́тика
[끄리찌까]
여 비평, 비판, 평론

крича́ть
[끄리차찌]
불완 외치다, 부르짖다, 고함치다

крова́ть
[끄라바찌]
여 침대

кровообраще́ние
[끄러버아브라쒜니에]
중 혈액순환

кровоте́чение
[끄러버쩨체니에]
중 출혈

кровь
[끄로피]
여 피, 혈액

крокоди́л
[끄라까질]
남 악어

кро́ме
[끄로몌]
전 …밖에, …외에

круг
[끄루크]
남 원, 원형, 동그라미

кру́глый
[끄루글르이]
형 둥근, 원형의

K

кружи́ться [끄루짓짜]	불완 회전하다, 빙빙돌다
кру́пный [끄루쁘느이]	형 커다란, 큰, 웅대한
круто́й [끄루또이]	형 가파른, 험한, 험악한
крыло́ [끄르일로]	중 날개
кры́ша [끄리샤]	여 지붕
кто [끄또]	대 누구
куб [꿉]	남 입방체
ку́бок [꾸벅]	남 컵, 큰잔
кубоме́тр [꾸바몌뜨르]	남 입방미터
куда́ [꾸다]	부 어디로
ку́кла [꾸끌라]	여 인형
кукуру́за [꾸꾸루자]	여 옥수수
кула́к [꿀락]	남 주먹
культу́ра [꿀뚜라]	여 문화
купа́льный [꾸빨느이]	형 수영의

купа́льня
[꾸빨나]

여 수영장, 해수욕장

купа́ние
[꾸빠니에]

중 목욕, 해수욕

купи́ть
[꾸빠찌]

완 →покупа́ть

ку́пол
[꾸뽈]

남 둥근지붕

купо́н
[꾸뽄]

남 쿠폰

куре́ние
[꾸레니에]
[브로씨찌 꾸레니에]

중 흡연
bро́сить ~ 담배를 끊다

кури́ть
[꾸리찌]

불완 담배를 피우다

ку́рица
[꾸리짜]

여 닭, 닭고기

курс
[꾸르스]

남 ①방향, 진로 ②학과, 학과목

ку́ртка
[꾸르뜨까]

여 점퍼, 자켓

кусо́к
[꾸쏙]

남 조각, 덩어리, 토막

ку́хня
[꾸흐냐]

여 부엌, 주방

ку́шать
[꾸샤찌]

불완 먹다, 마시다

К

Л

лаборато́рия
[라보라또리야]
여 연구실, 실험실

ла́герь
[라게리]
남 야영지

ла́дно
[라드너]
조 좋다

ладо́нь
[라돈]
여 손바닥

ла́зер
[라제르]
남 레이저

ла́мпа
[람빠]
여 램프, 등

лапша́
[랍샤]
여 라면

ласка́ть
[라스까찌]
불완 귀여워하다

ла́сковый
[라스까브이]
형 정다운, 귀여운

лгать
[르가찌]
불완 거짓말하다

ле́бедь
[레비찌]
남 백조

лев
[레프]
남 사자

ле́вый
[레브이]
형 왼쪽의

леге́нда
[레겐다]
여 전설

лёгкий
[료흐끼이]
형 가벼운, 쉬운

лёгкое [료흐꼬예]	중 폐
лёд [료트]	남 얼음
лежа́ть [레좌찌]	불완 누워있다
лейтена́нт [레이쩨난뜨]	남 중위
лека́рство [레까르스뜨버]	중 약, 약제
ле́ксика [렉씨까]	여 어휘
ле́ктор [렉떠르]	남 강사
ле́кция [렉찌야]	여 강의, 강연
ле́нта [렌따]	여 테이프, 리본
лентя́й [렌쨔이]	남 게으름뱅이
лень [렌]	여 게으름
лес [레스]	남 숲
ле́стница [레스니짜]	여 사다리, 계단
лета́ [레따]	복 ①→год ②나이, 살
лете́ть-лета́ть [레쩨찌-레따찌]	불완-완 날다, 날아가다

Л

ле́тний
[레뜨니이]
형 여름의

ле́то
[레따]
중 여름

ле́том
[레떰]
부 여름에

лече́ние
[레체니에]
중 치료, 의료

лечи́ть
[레치찌]
불완 치료하다

ли́вень
[리벤]
남 소나기, 폭우

ли́дер
[리데르]
남 지도자, 리더

лими́т
[리밋]
남 한도

лимо́н
[리몬]
남 레몬

лине́йка
[리네이까]
여 자

ли́нза
[린자]
여 렌즈

ли́ния
[리니야]
여 줄, 선

лиса́
[리싸]
여 여우

лист
[리스뜨]
남 잎, 잎사귀, 종이장

литерату́ра
[리쩨라뚜라]
여 문학

лифт
[리프뜨]

남 승강기, 엘리베이터

лицо́
[리쪼]

중 얼굴, 낯

ли́чность
[리치너스찌]

남 인격, 인물, 개성

ли́чный
[리치느이]

형 자신의, 개인의

ли́шний
[리쉬니이]

형 나머지의, 여분의

лоб
[로프]

남 이마

лови́ть-пойма́ть
[라비찌-빠이마찌]
[라비찌 리부]

불완-완 잡다, 붙잡다
~ ры́бу 물고기를 잡다

ло́гика
[로기까]

여 논리

ло́гин
[로긴]

남 로그인

ло́дка
[로뜨까]

여 배, 보트

ло́жка
[로쉬까]

여 숟가락

лома́ть-слома́ть
[라마찌-슬라마찌]

불완-완 부러뜨리다, 깨뜨리다

лотере́я
[라쩨레야]

여 추첨, 복권

ло́тос
[로떠스]

남 연꽃

ло́шадь
[로샤찌]

여 말

Л

лук
[루크]
남 파, 양파

луна́
[루나]
[뽈나야 루나]
여 달
по́лная ~ 보름달

луч
[루치]
남 빛, 광선

лу́чший
[루쉬이]
형 더 좋은, 제일 좋은

лы́жи
[릐쥐]
복 스키

льго́та
[리고따]
여 특혜, 특전, 특권

люби́мый
[류비므이]
형 사랑하는, 그리운, 마음에 드는

люби́ть
[류비찌]
불완 사랑하다

любо́вь
[류보피]
여 사랑

любо́й
[류보이]
형 임의의, 온갖

любопы́тство
[류바쁴쯔스뜨버]
중 호기심, 흥미

лю́ди
[류지]
복 사람들

лягу́шка
[리구쉬까]
여 개구리

M

магази́н
[마가진]
남 상점

маги́стр
[마기스뜨르]
남 석사

магистра́ль
[마기스뜨랄]
여 철도

магни́т
[마그닛]
남 자석

ма́зать
[마자찌]
불완 바르다

мазь
[마시]
여 연고

май
[마이]
남 5월

ма́йка
[마이까]
여 티셔츠

максима́льный
[막씨말느이]
형 최대의, 최대한, 최고의

ма́ленький
[말롄끼이]
형 작은, 자그마한

мали́на
[말리나]
여 산딸기

ма́ло
[말러]
부 조금, 적게

малоизве́стный
[말러이즈베스뜨느이]
형 적게 알려진, 잘 알려지지 않은

малокро́вие
[말라끄로비에]
중 빈혈

ма́льчик
[말칙]
남 소년

малярия
[말랴리야]
여 말라리아

мама
[마마]
여 엄마, 어머니

мандарин
[만다린]
남 귤

марка
[마르까]
여 우표

Марс
[마로스]
남 화성

март
[마르따]
남 3월

маршрут
[마르쉬룻]
남 노선

маска
[마스까]
여 탈, 가면, 마스크

масло
[마슬러]
중 기름

масса
[마싸]
여 질량, 대량, 다수

массаж
[마싸쉬]
남 마사지, 안마

массивный
[마씨브느이]
형 육중한, 거창한

мастерство
[마스쩨르스뜨보]
중 기능, 기교, 솜씨

масштаб
[마쉬따쁘]
남 척도, 표준, 규모, 범위

математика
[마쩨마찌까]
여 수학

материа́л [마쩨리알]	남 재료, 원료, 자재, 자료
матери́нство [마쩨린스뜨버]	중 모성
матч [맛취]	남 시합, 경기
мать [마찌]	여 어머니
маши́на [마쉬나]	여 기계, 기구, 자동차
мая́к [마약]	남 등대
мгнове́нно [므그나벤너]	부 순식간에
ме́бель [메빌]	여 가구
мегава́тт [메가바뜨]	남 메가와트
мёд [묘트]	남 꿀
меда́ль [메달]	여 메달
медве́дь [메드베찌]	남 곰
медици́на [메디찌나]	여 의학
медици́нский [메디찐스끼이] [메디찐스까야 쎄르찌피까찌야]	형 의학의, 의료의 ~ая сертифика́ция 건강증명서
ме́дленный [메들린느이]	형 완만한, 느린

медосмо́тр
[메다스모뜨르]
남 신체검사, 건강검진

медсестра́
[메드시스뜨라]
여 간호사

меду́за
[메두자]
여 해파리

ме́жду
[메주두]
전 …사이에, …가운데

междунаро́дный
[메쥐두나로드늬이]
[메쥐두나로드늬이 아에러뽀르뜨]
형 국제적인
~ый аэропо́рт 국제공항

ме́лкий
[멜끼이]
형 얕은, 소규모의

мело́дия
[멜로지야]
여 곡조, 선율

ме́нее
[메네에]
부 더 적게 (ма́ло의 비교급)

меню́
[미뉴]
중 메뉴

меня́ть
[미냐찌]
불완 что на что 바꾸다, 교환하다

ме́ра
[메라]
여 단위, 척도, 조치

мёртвый
[묘르뜨브이]
형 죽은, 생명을 잃은

ме́сто
[메스떠]
중 자리, 장소

месторожде́ние
[메스떠라쥐제니에]
중 매장지

ме́сяц
[메샤쯔]
남 달, 월

металл
[몌딸]
남 금속

металлу́ргия
[몌딸루르기야]
여 야금, 야금학

мете́ль
[미쩰]
여 눈보라

ме́тод
[메떠트]
남 방법

метр
[메뜨르]
남 미터

мех
[메흐]
남 모피

механиза́ция
[메하니자찌야]
여 기계화

меха́ника
[메하니까]
여 역학

меша́ть-помеша́ть
[몌샤찌-빠몌샤찌]
불완-완 кому-чему 방해하다

мешо́к
[미쇽]
남 자루, 주머니

мигра́ция
[미그라찌야]
여 이동, 이주

микроско́п
[미끄라스꼽]
남 현미경

микрофо́н
[미끄라폰]
남 마이크

мили́ция
[밀리찌야]
여 경찰

миллиа́рд
[밀리아르트]
남 10억

миллио́н
[밀리온]

남 100만

ми́лый
[밀르이]

형 사랑스러운, 귀여운, 어여쁜

ми́мо
[미머]

전 옆을 지나서

минера́л
[미네랄]

남 광물

минима́льный
[미니말드느이]

형 최소의, 최저의

министе́рство
[미니스쩨르스뜨버]
[미니스쩨르스뜨버 이너스뜨란느흐 젤]

중 부, 성
~ иностра́нных дел 외무부

мини́стр
[미니스뜨르]

남 장관

ми́нус
[미누스]

남 마이너스, 손해, 결점

мину́та
[미누따]

여 (시간) 분

мир
[미르]

남 평화

ми́рный
[미르느이]

형 평화적인, 평화로운

мирово́й
[미라보이]
[미라바야 바이나]

형 세계적인
~а́я война́ 세계대전

ми́ссия
[미씨야]

여 임무, 사명

миф
[미프]

남 신화

мла́дший
[믈랏쉬이]

형 나이가 보다 어린, 손아래의

мне́ние
[므녜니에]
- 중 의견, 견해, 소견

мно́гий
[므노기이]
- 형 많은, 다수의

мно́го
[므노거]
- 부 많이, 많게, 다량으로

многоде́тный
[므너거뎃뜨느이]
[므너거뎃뜨나야 마찌]
- 형 아이가 많은
  ~ая мать 다산모

многосторо́нний
[므너거스따론니이]
- 형 다방면의

многото́чие
[므너가또치에]
- 중 말줄임표(…)

многочи́сленный
[므너가치슬롄느이]
- 형 수많은, 허다한, 무수한

мно́жить-умножа́ть
[므노쥐찌-움나좌찌]
- 불완–완 곱하다

моги́ла
[마길라]
- 여 무덤, 묘

могу́щество
[마구쉐스뜨버]
- 중 세력, 위력, 힘

мо́да
[모다]
- 여 유행

моде́ль
[마델]
- 여 모델, 본보기

модерниза́ция
[마데르니자찌야]
- 여 현대화

мо́дный
[모드느이]
- 형 유행의, 최신 유행의

мо́жно
[모쥐너]
- 술어 …할 수 있다, …해도 좋다

мозг
[모스크]

남 뇌, 뇌수

мой
[모이]
[마야, 마요, 모이, 마이]

대 (여 моя́, 중 моё, 남 мой, 복 мой)
나의

мо́йка
[모이까]

여 세탁, 세정

мокро́та
[마끄로따]

여 가래, 담

мо́крый
[모크르이]

형 젖은, 축축한

моли́тва
[말리뜨바]

여 기도, 예배

мо́лния
[몰니야]

여 번개, 벼락

молодёжь
[말라죠쉬]

여 청년

молоде́ц
[말라졔쯔]

남 잘한다! 훌륭하다!

молодо́й
[말라도이]

형 젊은

молоко́
[말라꼬]

중 우유

мо́лот
[말럿]

남 망치

молча́ние
[말차니에]

중 침묵

молча́ть
[말차찌]

불완 침묵하다

моме́нт
[마몐뜨]

남 시기, 때

моментáльный
[마몐딸느이]
형 순간적인, 순식간의

монасты́рь
[마나스띠리]
남 절, 수도원

монéта
[마녜따]
여 동전, 주화

монолóг
[마날로크]
남 혼잣말, 독백

монопóлия
[마나뽈리야]
여 독점

морáль
[마랄]
여 도덕, 윤리

мóре
[모례]
중 바다

моркóвь
[마르꼬피]
여 당근

морóженое
[마로줸에]
중 아이스크림

морóз
[마로스]
남 추위

морóзить
[마로지찌]
불완 얼게하다, 얼다

морскóй
[마르스꼬이]
형 바다의, 해상의, 해군의

Москвá
[마스끄바]
여 모스크바

москви́ч
[마스끄비치]
남 모스크바사람

мост
[오스뜨]
남 다리, 교량

мотив
[모찌프]
남 동기, 이유

мотор
[마또르]
남 모터, 발동기

мотоцикл
[마따찌끌]
남 오토바이

моча
[마차]
여 소변

мочь
[모치]
불완 …할 수 있다

мощность
[모쉬너스찌]
여 위력, 힘, 능력

мощь
[모쉬]
여 권력, 위력

мрамор
[므라머르]
남 대리석

мрачный
[므라치느이]
형 침울한, 우울한, 쓸쓸한

мудрый
[무드르이]
형 현명한, 지혜로운

муж
[무쉬]
남 남편

мужественный
[무줴스쓰뻰느이]
형 용감한

мужской
[무쉬꼬이]
형 남자의

мужчина
[무쉬나]
남 남자

музей
[무제이]
남 박물관, 기념관

му́зыка
[무지까]
여 음악대학

мука́
[무까]
여 가루

мураве́й
[무라베이]
남 개미

му́сор
[무써르]
남 쓰레기

му́ха
[무하]
여 파리

муче́ние
[무체니에]
남 고통, 고민, 괴로움

му́чить
[무치찌]
술어 괴롭히다, 학대하다

му́читься
[무칫짜]
[무칫짜 앗 볼리]
술어 괴로워하다, 고통을 받다
~ от бо́ли 아파서 괴로워하다

мы
[믜]
[나스], [남], [나미], [아 나스]
대 (нас[생격,대격], нам[여격], на́ми[조격], о нас[전치격]) 우리

мысль
[믜슬]
여 생각, 사상

мыть-помы́ть
[믜찌-빠믜찌]
불완–완 씻다, 세탁하다

мышь
[믜쉬]
여 쥐

мя́гкий
[먀흐끼이]
형 부드러운, 유연한

мя́со
[먀쏘]
중 고기, 육류

мяч
[먀치]
남 공, 구

Н

на
[나]
전 …위에, …위에서, (위치) …에

набавля́ть-наба́вить
[나바블랴찌-나바비찌]
불완-완 더 올리다, 높이다
~ це́ну 값을 더 올리다

наблюда́тель
[나블류다쪨]
남 관찰자, 감시자

наблюда́ть
[나블류다찌]
불완 관찰하다, 관측하다, 주시하다

наве́рно
[나베르너]
삽입어 아마도

наве́рх
[나베르흐]
부 위로

наводне́ние
[나바드녜니에]
중 홍수

навсегда́
[나프씨그다]
부 영원히

награ́да
[나그라다]
여 상, 표창

нагре́в
[나그레프]
남 가열, 데우는 것

над
[나트]
전 위에, 위에서

наде́жда
[나제쥐다]
여 희망, 기대

надёжный
[나죠쥐느이]
형 믿음직한, 믿을만한, 확실한

наде́яться
[나데얏짜]
불완 희망을 걸다, 바라다, 기대하다

надзо́р
[나드조르]
남 감독, 감시

надлежа́ть
[나들레좌찌]
불완 (무인칭) 하지 않으면 안된다, 해야한다

надлежа́щий
[나들레좌쉬이]
형 해당하는, 적절한, 적합한

на́до
[나다]
술어 하지 않으면 안된다, 할 필요가 있다

надоеда́ть-надое́сть
[나다에다찌-나다예스찌]
불완-완 싫증나다, 귀찮아지다

наём
[나욤]
남 고용

нажима́ть-нажа́ть
[나쥐마찌-나좌찌]
불완-완 누르다

наза́д
[나자트]
부 뒤로

назва́ние
[나즈바니에]
중 이름, 명칭

назнача́ть-назна́чить
[나즈나차찌-나즈나치찌]
불완-완 정하다, 규정하다

назрева́ть-назре́ть
[나즈레바찌-나즈레찌]
불완-완 여물다, 익다, 성숙하다

называ́ть-назва́ть
[나즤바찌-나즈바찌]
불완-완 부르다, 명명하다

называ́ться-назва́ться
[나즤밧짜-나즈밧짜]
불완-완 …라고 불리다

наибо́лее
[나이볼레에]
부 가장, 제일, 특히

наиме́нее
[나이메네에]
부 가장 적게

H

наказа́ние
[나까자니에]

중 벌, 처벌

наконе́ц
[나까녜쯔]

부 마침내, 드디어

нале́во
[날레버]

부 왼쪽으로

налива́ть-нали́ть
[날리바찌-날리찌]

불완-완 부어넣다, 쏟아붓다

нали́чие
[날리치에]

중 존재, 실재, 출석

нало́г
[날로크]

남 세금, 조세

налогоплате́льщик
[날라가쁠라쩰쉭]

남 납세자

наме́рен
[나메롄]

술어 …하려 한다, …을 할 작정이다

наме́рение
[나메레니에]

중 기도, 의향, 생각

наме́ренный
[나메롄느이]

형 고의적인

намеча́ть-наме́тить
[나메차찌-나메찌찌]

불완-완 (계획·안 등을) 세우다, 정하다, 표시하다

наноси́ть-нанести́
[나나씨찌-나네스찌]
[나나씨찌 우쉐르프]

불완-완 많이 가져오다, 초래하다
~ уще́рб 손해를 끼치다

наоборо́т
[나아바롯]

부 거꾸로, 반대로

нападе́ние
[나빠제니에]

중 습격, 공격, 침공

напи́ток
[나삐떡]

남 음료수

наполня́ть-напо́лнить
[나빨냐찌-나뽈니찌]

불완-완 가득 채우다

наполови́ну
[나빨라비누]

부 절반쯤, 절반으로

напомина́ние
[나빠미나니에]

중 상기, 회상

напомина́ть-напо́мнить
[나빠미나찌-나뽐니찌]

불완-완 상기시키다

направле́ние
[나쁘라블레니에]
[쁘러찌버벌로쥐네에 나쁘라블레니에]

중 방향, 방침
противополо́жное ~ 반대방향

направля́ть-напра́вить
[나쁘라블랴찌-나쁘라비찌]

불완-완 향하게 하다, 보내다, 파견하다

напра́во
[나쁘라바]

부 오른쪽으로

наприме́р
[나쁘리메르]

삽입어 예를 들면, 예컨대

напро́тив
[나쁘로찌프]

부 건너편에, 맞은편에, 반대로

напряже́ние
[나쁘랴줴니에]

중 긴장, 전압

нараста́ние
[나라스따니에]

중 증대

наре́чие
[나레치에]

중 ①〈언어〉부사 ②사투리, 방언

нарко́тик
[나르꼬찍]

남 마약

наро́д
[나로트]

남 국민, 민족, 대중

наро́дный
[나로드느이]
[나로드너예 하쟈이스뜨버]

형 국민의, 민족의
~ое хозя́йство 국민경제

нару́жный
[나루쥐느이]

형 표면의, 겉의, 외면의

наруша́ть-
нару́шить
[나루샤찌-나루쉬찌]
[나루샤찌 아베샤니에]
[나루샤찌 자꼰]

불완-완 위반하다, 어기다
~ обеща́ние 약속을 어기다
~ зако́н 법을 위반하다

наруше́ние
[나루쉐니에]

중 위반

наря́д
[나랴트]

남 옷차림, 복장

наряду́
[나랴두]

부 с кем-чем …와 더불어,
…와 동시에

насажде́ние
[나사쉐니에]

중 식목, 재배

наси́лие
[나실리에]

중 폭력, 폭행

наси́лу
[나실루]

부 겨우, 간신히

наси́льно
[나실너]

부 강제로, 억지로

наско́лько
[나스꼴꺼]

부 얼마만큼, 얼마쯤, 어느 정도까지

наслажда́ться-
наслади́ться
[나슬라줘닷짜-나슬라짓짜]

불완-완 чем …을 즐기다

насле́дие
[나슬레지에]

중 유산, 유물

наследование
[나슬레도바니에]

중 상속, 계승

насле́довать
[나슬레도바찌]
[나슬레도바찌 이무쉐스뜨버]

불완·완 상속하다, 계승하다, 물려받다
~ иму́щество 재산을 상속하다

насле́дство
[나슬레드스뜨버]
[빨루차찌 나슬레드스뜨버]

중 유산
получа́ть ~ 유산을 받다

на́сморк
[나스머르크]

남 감기, 코감기

насоли́ть
[나쌀리찌]

완 소금을 치다

насто́лько
[나스똘까]

부 그 만큼, 그 정도로, 얼마나

настоя́щее
[나스따야쉐에]

중 현재

настоя́щий
[나스따야쉬이]

형 현재의, 지금의

настра́ивать-настро́ить
[나스뜨라이바찌-나스뜨로이찌]

불완-완 (많이) 건축하다, (위에) 증축하다, (악기) 음을 맞추다, 조율하다

настрое́ние
[나스뜨라에니에]
[븨찌 브 하로솀(쁠러홈) 나스뜨라에니이]

중 기분, 마음
быть в хоро́шем(плохо́м) ~и
기분이 좋다(나쁘다)

наступа́ть-наступи́ть
[나스뚜빠찌-나스뚜삐찌]

불완-완 되다, 도래하다

нату́ра
[나뚜라]

여 천성, 본성, 자연

натура́льный
[나뚜랄느이]

형 자연적인, 자연스러운, 천연의

H

нау́ка
[나우까]

여 과학

науча́ть-научи́ть
[나우차찌-나우치찌]

불완-완 кого чему 가르치다

нау́чный
[나우치느이]

형 과학의, 과학적인

нау́шники
[나우쉬니끼]

복 수화기, 이어폰

находи́ть-найти́
[나하지찌-나이찌]

불완-완 찾아내다, 발견하다

находи́ться-найти́сь
[나하짓짜-나이찌시]

불완-완 (일정한 장소에) 있다, 머물러있다, 체류하다

национа́льный
[나찌아날느이]

형 민족의, 민족적인
~ вопро́с 민족문제

на́ция
[나찌야]

여 민족, 국민

нача́ло
[나찰러]

중 처음, 시작, 시초

нача́льник
[나찰닉]

남 책임자, 장
~ ста́нции 역장

нача́льный
[나찰느이]
[나찰너에 아브라저바니에]

형 처음의, 초보의
~ое образова́ние 초등교육

начина́ть-нача́ть
[나치나찌-나차찌]

불완-완 시작하다, 착수하다

начисля́ть-начи́слить
[나치슬랴찌-나치슬리찌]

불완-완 가산하다, 계산하다

наш
[나쉬]
[나쉬, 나샤, 나쉐, 나쉬]

대 (남 наш, 여 наша, 중 наше, 복 наши) 우리의

не
[네]

조 (뒤에 오는 단어의 뜻을 부정)

небе́сный
[네베스느이]

형 하늘의

не́бо
[네바]

중 하늘

нева́жный
[니바쥐느이]

형 중요하지 않은, 시시한, 평범한

неве́рный
[니베르느이]

형 틀린, 잘못된, 부정확한

невероя́тный
[니베러야뜨느이]

형 믿기 어려운, 믿을 수 없는

неве́ста
[니베스따]

여 약혼녀

невнима́тельный
[니브니마쩰느이]

형 부주의한, 산만한

невозмо́жный
[니바즈모쥐느이]

형 불가능한

невоспи́танный
[니바스삐딴느이]

형 버릇없는, 교양이 없는

неда́вно
[니다브너]

부 얼마 전부터, 최근에

недалёкий
[니달료끼이]

형 멀지 않은, 가까운

неде́ля
[니젤랴]

여 주, 한 주간

недо́брый
[니도브르이]

형 좋지 않은, 나쁜, 싫은

недове́рие
[니다베리에]

중 불신, 의혹

Н

недовóльный
[니다볼느이]
형 불만족한, 불쾌한

недооцéнка
[니다아쩬까]
여 과소평가, 불충분한 평가

недорогóй
[니다라고이]
형 비싸지 않은, 싼

недостáток
[니다스따떡]
남 부족, 결핍

недостáточный
[니다스따떠치느이]
형 부족한, 불충분한

недостýпный
[니다스뚜쁘느이]
형 이해하기 어려운, 납득할 수 없는

нéдра
[네드라]
여 땅속, 지하매장물

неестéственный
[니이스쩨스뜨벤느이]
형 부자연스러운, 꾸며낸, 지어낸

неженáтый
[니줴나뜨이]
형 독신의 남 독신, 총각

незавúсимый
[니자비씨므이]
형 от чего 관계가 없는

незакóнный
[니자꼰느이]
형 불법의, 법에 어긋나는

нездорóвый
[니즈다로브이]
형 건강하지 않은

незнакóмый
[니즈나꼬므이]
형 알지 못하는, 모르는

незнáние
[니즈나니에]
중 무지, 무식

неизвéстный
[니이즈베스뜨느이]
형 알려지지않은, 유명하지 않은

неизме́нный
[니이즈멘늬이]
형 변하지 않는, 불변의

неи́скренный
[니이스끄롄늬이]
형 불성실한

нейтра́льный
[네이뜨랄늬이]
형 중립적인, 중립의

не́который
[녜까떠릐이]
대 그 어떤, 어느, 약간의

некульту́рный
[니꿀뚜르늬이]
형 비문화적인, 교양없는

нельзя́
[닐자]
술 불가능하다, …할 수 없다

нелюби́мый
[니류비믜이]
형 싫은, 좋아하지 않는

нема́лый
[니말르이]
형 적지 않은

немно́гий
[니므노기이]
형 많지 않은, 적은

немно́го
[니므노거]
부 적게, 조금

немолодо́й
[니말라도이]
형 젊지 않은, 중년의

необразо́ванный
[니아브라조반늬이]
형 교육을 받지 못한, 교양없는

необходи́мо
[니아브하지머]
부 필요하다, 꼭 …해야 한다

необходи́мость
[니아브하지머스찌]
여 필요성

необы́чный
[니아브츠늬이]
형 보통이 아닌, 평소와는 다른, 예외의

Н

необязáтельный
[니아뱌자뗄느이]
형 필수적이 아닌

неограни́ченный
[니아그라니첸느이]
형 무한한, 무제한의

неопáсный
[니아빠스느이]
형 위험하지 않은, 안전한

неопределённый
[니아쁘리젤룐느이]
형 부정의, 무한정의, 막연한

неплóхо
[니쁠로허]
부 괜찮게, 나쁘지 않게

неплохóй
[니쁠라호이]
형 나쁘지 않은, 괜찮은

непонятный
[니빠냐뜨느이]
형 이해할 수 없는, 알기 힘든

непорядок
[니빠랴덕]
남 무질서

непосрéдственно
[니빠스레뜨스뜨벤너]
부 직접적으로

непостоянный
[니빠스따얀느이]
형 변덕스러운, 변하기 쉬운, 가변적인

непрáвда
[니쁘라브다]
여 거짓말, 허위

непрáвильный
[니쁘라빌느이]
형 옳지 못한, 틀린

непрерывный
[니쁘레리브느이]
형 끊임없는, 부단한

неприятный
[니쁘리야뜨느이]
형 마음에 들지 않는, 불쾌한

непродукти́вный
[니쁘라둑찌브느이]
형 비생산적인, 효과가 적은

нерабо́чий
[니라보치이]
[니라보치이 젠]

형 일을 하지 않는, 휴식의, 일이 없는
~ день 휴일

нера́венство
[니라벤스뜨버]

중 불평등

нера́вный
[니라브느이]

형 같지 않은, 동등하지 않은, 불평등한

неразрешённый
[니라즈레숀느이]

형 해결되지 못한, 풀리지 않은

неразу́мный
[니라줌느이]

형 어리석은, 무모한, 불합리한

нерациона́льный
[니라찌아날느이]

형 불합리한

нерв
[네르프]

남 신경

несве́жий
[니스베쥐이]

형 신선하지 못한

несерьёзный
[니세리요즈느이]

형 경솔한, 진지하지 않은

не́сколько
[녜스껄꺼]

부 조금, 얼마간, 다소, 몇몇의, 약간의

неслы́шный
[니슬리쉬느이]

형 들리지 않는, 조용한

несмотря́
[니스마뜨랴]

전 на кого-что …에도 불구하고

несоблюде́ние
[니사블류제니에]

중 위반

несоверше́нный
[니사베르셴느이]

형 완전하지 못한, 미완성의

несовпаде́ние
[니사브빠제니에]

중 부합하지 않는것, 불일치

несогла́сие
[니싸글라씨예]
중 의견 불일치, 반대, 거절, 불화

несогла́сный
[니싸글라스느이]
형 с кем-чем …와 동의하지 않는, …에 찬성하지 않는

несомне́нный
[니쏨녠느이]
형 의심할 바 없는, 확실한

неспосо́бный
[니스빠쏘브느이]
형 к чему, на что …할 수 없는, 능력이 없는

несправедли́вый
[니스쁘라베들리브이]
형 불공평한, 부당한

нести́
[네스찌]
[네스찌 앗베뜨스뜨벤너스찌]
불완 나르다, 가지고 가다
~ отве́тственность 책임을 지다

несча́стье
[니샤스찌예]
중 불행

нет
[녯]
조 아니다, 없다

нетерпе́ние
[니쩨르뻬니예]
중 참지 못하는 것, 성급해 하는 것

нето́чный
[니또치느이]
형 부정확한, 정밀하지 못한, 확실치 못한

неуваже́ние
[니우바줴니예]
[니우바줴니예 끄 라지쩰럄]
중 존경하지 않는것
~ к роди́телям 불효

неуда́ча
[니우다차]
여 실패

неудо́бный
[니우도브느이]
형 불편한

неудо́бство
[니우돕스뜨버]
중 불편, 난처한 처지, 곤경

неудово́льствие
[니우다볼스뜨비예]
중 불만족, 불만, 불평

неурожа́й
[니우로좌이]

남 흉작

нефть
[네프찌]

여 석유, 원유

нехва́тка
[니흐바뜨까]

여 부족, 결핍

нехоро́ший
[니하로쉬이]

형 좋지 않은, 나쁜

нечи́стый
[니치스뜨이]

형 더러운, 불결한, 깨끗하지 않은

нея́сный
[니야스느이]

형 불명료한, 애매한

ни
[니]

조 접 (부정문에서) …도
нет ни одного́ челове́ка
한 사람도 없다

ни́жний
[니쥐니이]

형 아래의

ни́зкий
[니스끼이]

형 낮은

ника́к
[니깍]

부 결코, 도저히, 전혀

никако́й
[니까꼬이]

대 아무런, …도 아닌

никогда́
[니까그다]

부 그 어느때도, 한시도

никто́
[니크또]

대 아무도

никуда́
[니꾸다]

부 아무데도

ниско́лько
[니스꼴꼬]

부 조금도

ни́тка
[니트까]
여 실

ничто́
[니쉬또]
대 아무것도, 어느 것도

но
[노]
접 그러나, 그런데

нови́нка
[나빈까]
여 신제품, 새것

нового́дний
[너바고드니이]
형 새해의, 신년의

но́вость
[노버스찌]
여 새소식, 뉴스

но́вый
[노브이]
[노브이 고트]
형 새, 새로운
~ый год 신년, 새해

нога́
[나가]
여 발, 다리

но́готь
[노거찌]
남 손톱, 발톱

нож
[노쉬]
남 칼

но́жницы
[노쥐니찌]
복 가위

ноль
[놀]
남 0, 영, 제로

но́мер
[노몌르]
남 번호

но́рма
[노르마]
여 규범, 표준

нормализа́ция
[나르말리자찌야]
여 정상화, 규범화, 표준화

нормáльный
[나르말느이]
- 형 정상적인, 보통의

нормати́в
[나르마찌프]
- 남 표준량, 규범, 기준

нос
[노스]
- 남 코

носи́тель
[나씨쩰]
- 남 소유자, 소지자

носи́ть
[나씨찌]
- 불완 지니다, 입다, 신다

нóта
[노따]
- 여 음, (외교)각서 복 악보

нотáриус
[나따리우스]
- 남 공증인

нóутбук
[노우뜨북]
- 남 노트북

ночевáть
[나체바찌]
- 불완 숙박하다

ночь
[노치]
- 여 밤

нóчью
[노치유]
- 부 밤에

ноя́брь
[나야브리]
- 남 11월

нрáвиться
[느라빗짜]
[에따 므네 느라빗짜]
- 불완 마음에 들다, 좋아하다
  это мне ~ 이것은 내 마음에 든다

нрáвственный
[느랍스뜨벤느이]
- 형 도덕적인, 정신적인

нуждá
[누즈다]
- 여 필요, 요구, 수요

Н

ну́жно
[누즈너]

술 кому-чему …해야 한다, 필요하다

ну́жный
[누즈느이]

형 필요한

нуль
[눌]

남 0, 영, 제로

ня́ня
[냐냐]

여 보모

O

o
[오]
전 …에 대하여 [감] 오!, 아!

óба
[오바]
수 둘, 쌍

обéд
[아볘트]
남 점심(식사)

обéдать
[아볘다찌]
불완 점심을 먹다, 식사하다

обеспéчение
[아볘스뼤체니에]
중 보장, 보증, 공급

обещáние
[아볘샤니에]
중 약속

обещáть
[아볘샤찌]
불완 약속하다

обзóр
[압조르]
남 개관, 일람, 실지 조사

обúда
[아비다]
여 모욕, 능욕

обúдный
[아비드느이]
형 모욕적인, 분한, 노여운

обладáть
[아블라다찌]
불완 кем-чем 가지고 있다, 소유하고 있다

óблако
[오블리꼬]
중 구름

óбласть
[오블라스찌]
여 주, 분야, 부문

óблачный
[오블라치느이]
형 구름이 많이 낀, 흐린

облигáция
[아블리가찌야]
여 채권

óблик
[오블릭]

남 용모, 모습, 품성

обмáн
[아브만]

남 속임, 기만

обмéн
[아브몐]
[아브몐 므녜니야미]

남 교환, 교류
~ мнéниями 의견 교환

**обнарýживать-
обнарýжить**
[압나루쥐바찌-압나루쥐찌]

불완-완 발견하다, 찾아내다

обновлéние
[아브나블례니에]

중 갱신, 혁신

обозначéние
[아바즈나체니에]

중 표시, 기호, 부호

оборóна
[아바로나]

여 방어, 방위, 국방력

оборóт
[아바롯]

남 회전, 선회, 〈경제〉 유통, 유동

оборýдование
[아바루더바니에]

중 시설, 설비

обострéние
[아바스뜨례니에]

중 첨예화, 격화, 악화

обрабóтка
[아브라보뜨까]

여 가공, 정제

óбраз
[오브라스]

남 모양, 모습

образéц
[아브라졔쯔]

남 견본, 본보기, 샘플

образовáние
[아브라저바니에]

중 ①형성, 조성, 창립 ②교육

образо́вывать-образова́ть [아브라조븨바찌-아브라자바찌]	불완-완 이루다, 형성하다, 조성하다, 창립하다
обра́тный [아브라뜨늬이]	형 돌아오는, 되돌아가는
обраща́ть-обрати́ть [아브라샤찌-아브라찌찌]	불완-완 돌리다, 향하게 하다 ~ внима́ние 주의를 돌리다
обраще́ние [아브라쉐니에]	중 ①호소(문), 요청문 ②유통, 순환
обря́д [아브랴트] [스바제브느이 아브랴트]	남 의식, 예식 сва́дебный ~ 혼례
обсле́довать [압슬레더바찌]	불완·완 조사하다, 탐구하다
обслу́живание [압슬루쥐바니에]	중 봉사, 서비스
обстано́вка [압스따노프까]	여 ①가구 ②정세, 환경, 분위기
обстоя́тельный [압스따야쩰느이] [압스따야쩰느이 칠러벡]	형 자세한, 세밀한 ~ый челове́к 빈틈없는 사람
обстоя́тельство [압스따야쩰스뜨버]	중 사정, 상황 복 환경
обстре́л [압스뜨렐]	남 사격, 포격
обсужде́ние [압수즈졔니에]	중 토의, 토론
о́бувь [오부피]	여 신발, 구두
обуча́ть-обучи́ть [아부차찌-아부치찌]	불완-완 가르치다

**обуча́ться-
обучи́ться**
[아부촷쨔-아부칫쨔]

불완-완 배우다

обуче́ние
[아부체니에]

중 교육, 교수, 훈련

обща́ться
[압샷쨔]
[압샷쨔 스 류지미]

불완 교제하다
~ с людьми́ 사람들과 교제하다

общежи́тие
[압쉐쥐찌에]

중 기숙사

обще́ние
[압쉐니에]

중 교제, 사교

обще́ственный
[압쉐스뜨벤늬]
[압쉐스뜨벤늬에 아르가니자찌야]

형 사회의, 사회적인
~ые организа́ция 사회단체

о́бщество
[옵쉐스뜨버]

중 ①사회 ②협회, 단체

о́бщий
[옵쉬이]

형 전반적인, 공통적인, 공동의

объедине́ние
[아비에지네니에]

중 통일, 합동, 결합

объе́кт
[아비엑트]

남 대상, 목표(물)

объём
[아비욤]

남 넓이, 크기, 범위

**объявля́ть-
объяви́ть**
[아브야블랴찌-아브야비찌]

불완-완 공포하다, 선포하다, 선언하다

**объясня́ть-
объясни́ть**
[아브야스냐찌-아브야스니찌]

불완-완 설명하다, 해설하다, 해명하다

148

обычай [아븨차이]	남 풍습, 관례
обычный [아븨츠느이]	형 보통의, 일상적인
обязанность [아뱌잔너스찌]	여 임무, 의무, 책임
обязанный [아뱌잔느이]	형 …할 의무가 있는, 책임이 있는
обязательный [아비자쪨느이]	형 의무적인, 필수적인
обязательство [아비자쪨스뜨버]	중 약속, 계약, 공약
овладевать-овладеть [아블라데바찌-아블라졔찌]	불완-완 кем-чем ①차지하다, 점유하다 ②소유하다, 습득하다
овощи [오버쉬]	복 야채
овца [아브짜]	여 암양
огнетушитель [아그니뚜쉘]	남 소화기
огонь [아곤]	남 불, 불길
огорчаться-огорчиться [아가르찻짜-아가르칫짜]	불완-완 슬퍼하다
огорчение [아가르체니에]	중 슬픔, 상심
ограничение [아그라니체니에]	중 제한, 국한

ограничивать-ограничить
[아그라니치바찌-아그라니치찌]

불완-완 제한하다

огро́мный
[아그롬느이]

형 커다란, 웅장한

огуре́ц
[아구례쯔]

남 오이

одева́ть-оде́ть
[아제바찌-아제찌]

불완-완 что …을 입히다,
кого …에게 옷을 입혀주다

одева́ться-оде́ться
[아제밧쨔-아젯쨔]

불완-완 옷을 입다

оде́жда
[아제쥬다]

여 옷, 의복

оди́н
[아진!]
[아드나], [아드노], [아드니]

수 (여 одна́, 중 одно́, 복 одни́) 1

оди́надцать
[아진낫짜찌]

수 11

одино́кий
[아지노끼이]

형 외로운, 고독한

одна́ко
[아드나꼬]

접 그러나, 그렇지만

одновре́менно
[아드나브레멘너]

부 동시에, 한꺼번에

однозна́чный
[아드나즈나치느이]

형 뜻이 같은, 의미가 같은

односторо́нний
[아드너스따론느이]

형 단면의, 일방적인

одобре́ние
[아다브레니에]

중 찬성

одолева́ть-одоле́ть
[아달례바찌-아달례찌]
불완-완 이겨내다, 극복하다

одышка
[아듸쉬까]
여 숨가쁨, 호흡곤란

оживле́ние
[아쥐블레니에]
중 소생, 활기

ожида́ние
[아쥐다니에]
중 기다리는 것, 기대, 예측

ожида́ть
[아쥐다찌]
불완 кого-чего 기다리다, 기대하다, 예상하다

озабо́чить-озабо́тить
[아자보치찌-아자보찌찌]
불완-완 걱정시키다

о́зеро
[오제러]
중 호수

означа́ть
[아즈나차찌]
불완 의미하다, 뜻하다

ой
[오이]
감 아! 아야!

ока́зывать-оказа́ть
[아까즤바찌-아까자찌]
불완-완 …하다, …을 주다, 끼치다
~ по́мощь 도와주다

ока́нчивать-око́нчить
[아깐치바찌-아꼰치찌]
불완-완 끝내다, 종료하다, 완료하다

океа́н
[아께안]
남 해양, 대양
Ти́хий ~ 태평양

окно́
[아크노]
중 창문

о́коло
[오껄러]
전 곁에, 가까이에, 부근에, 근처에

оконча́ние
[아깐차니에]

중 종결, 완료, 졸업, 수료

оконча́тельно
[아깐차쩰너]
[레쉬찌 아깐차쩰너]

부 최종적으로, 완전히
реши́ть ~ 최종적으로 결정하다

о́круг
[오크루끄]

남 지구, 구역, 구

окруже́ние
[아그루줴니에]

중 ①둘러싸는 것, 에워싸는 것
②환경, 주위의 사람들

октя́брь
[악쨔브리]

남 10월

оле́нь
[알롄]

남 사슴

оли́ва
[알리바]

여 올리브

олига́рхия
[알리가르히야]

여 과두정치

олимпиа́да
[알림삐아다]

여 올림픽

олимпи́йский
[알림삐이스끼이]

형 올림픽의
~ие и́гры 올림픽경기

он
[온]
[이보(니보)], [이무(니무)], [임(님)],
[아 뇸]

대 (생대 [н]его́, 여 [н]ему́,
조 [н]им, 전 о нём) 그

она́
[아나]
[이요(니요)], [예이(네이)],
[예유(네유)], [예이(네이)], [아 네이]

대 (생대 [н]её, 여 [н]ей,
조 [н]е́ю 또는 [н]ей, 전 о ней)
그녀

они́
[아니]
[이스(니스)], [임(님)], [이미(니미)],
[아 니흐]

대 (생대 [н]их, 여 [н]им,
조 [н]и́ми, 전 о них) 그들

онó
[아노]
[이보(니보), [이무(니무)], [임(님)],
[아 뇸]

대 (생대 [н]еró, 여 [н]емý,
조 [н]им, 전 о нём) 그것

ООН
[오오온(아르가니자찌야
아브이지뇬니흐 나찌이)]

(Организáция Объединённых
Нáции) 유엔

**опáздывать-
опоздáть**
[아빠즈디바찌-아빠즈다찌]

불완–완 늦다, 지각하다

опасéние
[아빠세니에]

중 두려움

опáсность
[아빠스너스찌]

여 위험

опáсный
[아빠스느이]

형 위험한, 위태로운

óпера
[오뻬라]

여 가극, 오페라

операция
[아뻬라찌야]

여 수술, 작전, 거래, 업무

описáние
[아삐싸니에]

중 묘사, 서술

опоздáние
[아빠즈다니에]

중 지각, 지연

оппозиция
[아빠지찌야]

여 반대, 반항

определéние
[아쁘레젤레니에]

중 판정, 결정, 규정

**определя́ть-
определи́ть**
[아쁘리젤랴찌-아쁘리젤리찌]

불완–완 판정하다, 확정하다, 규정하다

опро́с
[아쁘로스]

🟦 심문

опто́вый
[압또브이]

🟦 도매의

о́пыт
[오쁴뜨]

🟦 경험, 경력

орби́та
[아르비따]
[젬나야 아르비따]

🟦 궤도
земна́я ~ 지구궤도

о́рган
[오르간]
[가수다르스뜨벤늬에 오르가늬]

🟦 기관
госуда́рственные ~ы 국가기관

организа́ция
[아르가니자찌야]

🟦 조직, 단체

**организо́вывать-
организова́ть**
[아르가니조븨바찌-아르가니자바찌]

🟦 불완-완 조직하다

о́рден
[오르젠]

🟦 훈장

орёл
[아룔]

🟦 독수리

оре́х
[아레흐]

🟦 호두

оригина́льный
[아리기날느이]

🟦 ①원본의, 원고의 ②독창적인, 독특한

орке́стр
[아르께스뜨르]

🟦 오케스트라

ору́дие
[아루지에]

🟦 도구, 기구

ору́жие
[아루쥐에]

🟦 무기, 병기

оса́дки
[아싸뜨끼]

복 강수량

освобожде́ние
[아스바보제니에]

중 해방, 석방, 면제

освое́ние
[아스바예니에]
[아스바예니에 노보이 쩨흐니끼]

중 개간, 개발, 습득, 체득
~ но́вой те́хники 새 기술 습득

о́сень
[오씬]

여 가을

о́сенью
[오씨니유]

부 가을에

ослабле́ние
[아슬라블레니에]

중 약화, 쇠약, 완화, 경감

осмо́тр
[아스모뜨르]

남 구경, 견학, 참관, 시찰, 검사

оснаще́ние
[아스나쉐니에]

중 장비

осно́ва
[아스노바]

여 기초, 기본, 토대

основа́ние
[아스나바니에]

중 창립, 토대, 기초, 기반

основа́тель
[아스나바쪨]

남 창립자

основа́тельный
[아스나바쪨느이]

형 튼튼한, 견고한, 근거있는

основно́й
[아스나브노이]

형 기본적인, 근본적인
~ вопро́с 근본적인 문제

осо́бенность
[아쏘벤노스찌]

여 특성, 특수성

осо́бенный
[아쏘벤느이]

형 특별한, 특수한, 색다른

осо́бый
[아쏘브이]
형 특별한, 독특한, 남다른, 개별적인, 별개의

остава́ться
[아스따밧짜]
불완-완 남다, 머물다

оставля́ть-оста́вить
[아스따블랴찌-아스따비찌]
불완-완 남기다, 남겨놓다, 남겨두다

остана́вливать-останови́ть
[아스따나블리바찌-아스따나비찌]
불완-완 멈추다, 멈추어세우다, 정지시키다

остано́вка
[아스따노프까]
여 멈추는 것, 정지, 정류장

оста́ток
[아스따떡]
남 나머지, 여분

о́стров
[오스뜨로프]
남 섬

о́стрый
[오스뜨르이]
형 예리한, 날카로운, 뾰족한

осуществле́ние
[아수쉐스뜨블레니에]
중 실현, 실행

ось
[오시]
여 축

от
[오뜨]
접 … 에, …로 부터

отве́т
[아뜨벳]
남 대답, 답변

отве́тственность
[아뜨벳스뜨벤누스찌]
여 책임, 책임성

отвеча́ть-отве́тить
[아뜨베차찌-아뜨베찌찌]
[아뜨베차찌 나 바쁘로스]
불완-완 대답하다
~ на вопро́с 질문에 대답하다

отдава́ть-отда́ть
[앗다바찌-앗다찌]

불완-완 돌려주다, 반환하다

отде́л
[앗젤]

남 부, 부서, 국

отделе́ние
[아젤레니에]

중 ①구분, 갈라놓는 것 ②지점, 국

отде́льный
[앗젤느이]

형 따로 떨어진, 개별적인, 별개의

о́тдых
[옷드흐]

남 휴식

отдыха́ть-отдохну́ть
[아드하찌-앗다흐누찌]

불완-완 휴식하다, 쉬다

оте́ль
[아뗄]

남 호텔

оте́ц
아뻬쯔

남 아버지

оте́чественный
[아쩨체스뜨벤느이]
[아쩨체스뜨벤느에 따바리]

형 조국의
~ые това́ры 국산품

оте́чество
[아쩨체스뜨버]

중 조국

отка́з
[앗까스]

남 거절

открове́нный
[아뜨크라벤느이]

형 솔직한, 숨김없는, 노골적인

открыва́ть-откры́ть
[아뜨끄리바찌-아뜨끄리찌]

불완-완 열다, 개설하다, 개시하다

откры́тие
[아뜨끄리찌에]

중 개시, 개설

открытый
[앗끄리뜨이]

형 열린, 펼쳐진

откуда
[앗꾸다]

부 어디서, 어디로부터

отличать-отличить
[아들리차찌-아들리치찌]

불완-완 구별하다, 분별하다

отличие
[아들리치에]

중 차이, 차별

отличный
[아들리치느이]

형 ①다른, 차이있는 ②훌륭한, 뛰어난

отмена
[아뜨메나]

여 폐지, 파기, 취소

отметка
[아뜨메뜨까]

여 표, 기호, 부호

относительно
[아뜨나씨쩰너]

부 비교적으로, 상대적으로

относить-отнести
[아뜨너씨찌-아뜨네스찌]

불완-완 가져가다, 운반해가다

отношение
[아뜨나쉐니에]

중 к кому-чему 태도, 입장, 견해
복 관계, 인연

отопление
[아따쁠레니에]

중 난방, 난방장치

отпечаток
[아뜨뻬차떡]
[아뜨뻬차떡 빨짜]

남 자국, 자취, 흔적
~ пальца 지문

отправление
[아뜨쁘라블레니에]

중 발송, 보내는것, 출발

отправлять-отправить
[아뜨쁘라블랴찌-아뜨쁘라비찌]
[아뜨쁘라블랴찌 삐씨모]

불완-완 보내다, 발송하다
~ письмо 편지를 보내다

отправля́ться-отпра́виться
[아뜨쁘라블랴짜-아뜨쁘라빗짜]

불완-완 떠나다, 출발하다

о́тпуск
[옷뿌스끄]

남 휴가

отрабо́тать
[아뜨라보따찌]

완 일을 끝마치다, (일정한 시간) 일하다

отра́да
[아뜨라다]

여 즐거움, 기쁨

отража́ть-отрази́ть
[아뜨라좌찌-아뜨라지찌]

불완-완 반영하다, 표현하다

отрица́тельный
[아뜨리짜쩰느이]

형 부정적인
~ отве́т 부정적인 대답

отсро́чка
[앗스로치까]

여 연기, 기한연장

отстава́ть-отста́ть
[앗스따바찌-앗스따찌]

불완-완 뒤떨어지다, 낙후하다

отста́лный
[앗스딸느이]

형 뒤떨어진, 낙후한

отсу́тствие
[앗수스쯔비에]

중 없는것, 결여, 결석

отсу́тствовать
[앗수스쯔버바찌]

불완 결석하다, 없다

о́тчество
[오체스떠버]

중 부칭

отчёт
[앗춋]

남 보고, 보고서

отъе́зд
[아뜨예스트]

남 출발

отъезжа́ть-отъе́хать
[아뜨예즈좌찌-아뜨예하찌]

불완-완 타고 떠나다, 출발하다

óфис
[오피스]
- 남 사무실

офицéр
[아피쩨르]
- 남 장교

официáльный
[아피찌알느이]
[아피찌알느이 다꾸몐뜨]
[아피찌알느이 비짓]
- 형 공식적인
  ~ый докумéнт 공문서
  ~ый визи́т 공식방문

оформлéние
[아파르믈레니에]
- 중 수속

оформля́ть-офо́рмить
[아파르믈랴찌-아포르미찌]
- 불완-완 수속하다, 작성하다

ох
[오흐]
- 감 오! 아아!

охлаждéние
[아흘라쥬데니에]
- 중 ①냉각 ②냉담, 무관심

охо́та
[아호따]
- 여 사냥

охрáна
[아흐라나]
- 여 경비, 방위, 보호

оцéнивать-оцени́ть
[아쩨니바찌-아쩨니찌]
- 불완-완 ①값을 매기다, 가격을 정하다
  ②평가하다

оцéнка
[아쩬까]
- 여 평가, 점수
  стáвить ~у 점수를 매기다

очáг
[아차크]
- 남 ①난로, 아궁이 ②발원지

очаровáние
[아차라바니에]
- 중 매력, 매혹

очеви́дный
[아체비드느이]
- 형 자명한, 명백한

óчень
[오친]

부 매우

óчередь
[오체레찌]

여 순서, 차례

очи́стка
[아치스뜨까]

여 청소

очки́
[아치끼]

복 안경

оши́бка
[아쉽까]

여 실수, 잘못

ощуще́ние
[아슈셰니에]

중 감촉, 감각, 느낌

П

павильо́н
[빠빌리온]

남 진열관, 관

па́дать-пасть
[빠다찌-빠스찌]

불완-완 떨어지다, 넘어지다

паде́ние
[빠제니에]

중 추락, 저하, 감소, 쇠퇴

паке́т
[빠꼣]

남 꾸러미, 봉투

пала́та
[빨라따]

여 의원, 의회

пала́тка
[빨라뜨까]

여 천막

па́лец
[빨레쯔]

남 손가락, 발가락

па́лка
[빨까]

여 막대기, 몽둥이

па́лочка
[빨러치까]

여 작은 막대기 복 젓가락

пальто́
[빨또]

중 외투, 코트

па́мятник
[빠먀뜨닉]

남 기념비, 동상

па́мять
[빠먀찌]

여 기억, 기억력

па́па
[빠빠]

여 아빠, 아버지

па́пка
[빱까]

여 종이끼우개, 서류철, 파일

па́ра
[빠라]

여 (한)켤레, 쌍

параллéльный
[빠랄렐르늬이]

형 평행의, 상응한, 일치한

парашю́т
[빠라슛]

남 낙하산

па́рень
[빠린]

남 젊은이, 청년, 사내

парк
[빠르크]

남 공원

парла́мент
[빠를라멘뜨]

남 국회, 의회

парохо́д
[빠라호트]

남 기선, 배

па́ртия
[빠르찌야]

여 당, 정당

партнёр
[빠르뜨뇨르]

남 파트너

па́рус
[빠루스]

남 돛

парфюме́рия
[빠르퓨메리야]

여 향수, 화장품

па́спорт
[빠스뽀르뜨]

남 신분 증명서, 여권

пассажи́р, ~ка
[빠싸쥐르, 빠싸쥐르까]

남여 손님, 승객

пасси́вный
[빠씨브늬이]

형 소극적인, 수동적인

па́ста
[빠스따]
[주브나야 빠스따]

여 연고
зубна́я ~ 치약

пате́нт
[빠쪤트]

남 특허

патрио́т
[빠뜨리옷]

남 애국자

па́уза
[빠우자]

여 중단, 중지

певе́ц, ~и́ца
[삐베쯔, 삐비짜]

남 여 가수

педаго́г
[뻬다고크]

남 교육자

педагоги́ческий
[뻬다가기체스끼이]
[뻬다가기체스끼이 인스띠뚜뜨]

형 교육의
~ институ́т 사범대학

пейза́ж
[뻬이자쉬]

남 풍경, 경치

пелёнка
[삘룐까]

여 기저귀

пельме́ни
[삘메니]

복 만두

пе́на
[뻬나]

여 거품

пе́нсия
[뻰씨야]

여 연금, 사회보장금

пень
[뻰]

남 나무그루

пе́пельница
[뻬뻴니짜]

여 재떨이

пе́рвый
[뻬르브이]
[뻬르바야 류보피]

형 첫째의, 처음의
~ая любо́вь 첫사랑

перево́д
[뻬레보트]

남 ①이동 ②번역, 통역

переводить-перевести [뻬레바지찌–뻬레베스찌] [뻬레바지찌 스 루스까버 야즈까 나 까레이스끼이]	불완-완 ①옮기다, 이동시키다 ②번역하다, 통역하다 ③(돈을) 송금하다 ~ с русского языка на корейский 러시아어를 한국어로 번역하다
перевозка [뻬레보스까]	여 운반, 수송
перевоспитание [뻬레바스삐따니에]	중 재교육
переговоры [뻬레가보리] [베스찌 뻬레가보리]	복 회담, 담판 вести ~ 회담하다
перед [뻬레트]	전 …앞에, …전에
передавать-передать [뻬레다바찌–뻬레다찌]	불완-완 ①넘겨주다, 전하다, 양도하다 ②알리다, 전달하다 ③방송하다, 방영하다
передача [뻬레다차]	여 전달, 방송
передвижение [뻬레드비줴니에]	중 옮기는 것, 이동, 왕래
переживать-пережить [뻬레쥐바찌–뻬레쥐찌]	불완-완 체험하다, 겪다
перенос [뻬레노스]	남 옮겨놓는 것, 미루는 것, 연기
переносный [뻬레노스느이]	형 이동식의, 휴대용의
переоценка [뻬레아쩬까]	여 재평가, 과대평가
переписка [뻬레삐스까]	여 복사, 베껴쓰기

переработка
[뻬레라보뜨까]

여 가공

переры́в
[뻬레리프]

남 중단, 휴식, 휴식시간

переса́дка
[뻬레싸뜨까]

여 옮겨놓는것, 환승

переселе́ние
[뻬레셀레니에]

중 이주, 이사, 이민

переска́зывать- пересказа́ть
[뻬레스까즤바찌-뻬레스까자찌]

불완-완 (들은것, 읽은 것을) 자기말로 서술하다, 다시 이야기하다

пересмо́тр
[뻬레스모뜨르]

남 재검토, 수정, 개정

переу́лок
[뻬레울럭]

남 골목

перехо́д
[뻬레호트]

남 이동, 과도, 전환

переходи́ть- перейти́
[뻬레하지찌-뻬레이찌]

불완-완 건너가다, 넘어가다, 이동하다

пе́рец
[뻬레쯔]
[끄라스느이 뻬레쯔]
[쵸르느이 뻬레쯔]

남 고추, 후추
кра́сный ~ 고추
чёрный ~ 후추

пе́речень
[뻬레첸]

남 목록

перечисле́ние
[뻬레치슬레니에]

중 열거

перечи́тывать- перечита́ть
[뻬레치띄바찌-뻬레치따찌]

불완-완 다시 읽다

пери́од
[뻬리오트]
[뻬레호드느이 뻬리오트]

남 시기, 기간, 시대
перехо́дный ~ 과도기

периоди́ческий
[뻬리아지체스끼이]

형 주기적인, 정기적인

пермане́нт
[뻬르마넨트]

남 파마

перо́
[뻬로]

중 깃, 깃털, 붓

персо́наπ
[뻬르쏘날]

여 인물, 사람, 손님

персона́льный
[뻬르싸날느이]

형 개별적인, 개인적인

перспекти́ва
[뻬르스뻭찌바]

여 전망, 예상

пе́сня
[뻬스냐]

여 노래

песо́к
[삐쏙]

남 모래

пету́х
[뻬뚜흐]

남 수탉

петь
[뻬치]

불완 노래하다, 노래부르다

печа́ль
[뻬찰]

여 슬픔, 비애, 근심

печа́тать-напеча́тать
[뻬차따찌-나뻬차따찌]

불완-완 인쇄하다, 출판하다

печа́ть
[뻬차찌]

여 인쇄, 도장

печь
[뻬치]
[뻬치 흘레프]

불완 굽다
~ хлеб 빵을 굽다

печь
[뻬치]

여 난로

пешехо́д
[뻬쉐호트]

남 보행자

пеще́ра
[삐쉐라]

여 동굴

пиани́но
[삐아니너]

중 피아노
игра́ть на ~ 피아노를 치다

пиани́ст, ~ка
[삐아니스뜨, 삐아니스뜨까]

남 여 피아니스트

пи́во
[삐버]

중 맥주

пик
[삑]

남 산봉우리, 절정

пила́
[삘라]

여 톱

пило́т
[삘롯]

남 비행사, 조종사

пингви́н
[벤그빈]

남 펭귄

пинг-по́нг
[벤-뽄크]

남 탁구

пира́т
[삐랏]

남 해적

писа́тель, ~ница
[삐사쪨, 삐사쪨니짜]

남 여 작가

писа́ть-написа́ть
[삐싸찌-나삐싸찌]

불완-완 쓰다, 사용하다, 소모하다

пистоле́т
[삐스딸레트]

남 권총

пи́сьменный
[삐씨멘느이]

형 서면의, 문서의

письмо́
[삐씨모]

중 편지, 서한

пита́ние
[삐따니에]

중 보육, 양육

пита́ть
[삐따찌]

불완 먹이다, 먹여기르다, 양육하다

пить
[삐찌]

불완 마시다

питьё
[삐찌요]

중 음료

пи́ща
[삐샤]

여 음식, 양식

пла́вание
[쁠라바니에]

중 수영, 항해

пла́вать-плыть
[쁠라바찌-쁠리찌]

불완-완 수영하다, 항해하다

пла́кать
[쁠라까찌]

불완 울다

план
[쁠란]

남 계획, 방안, 안

плане́та
[쁠라네따]

여 행성

плани́ровать-сплани́ровать
[쁠라니러바찌-스쁠라니러바찌]

불완-완 계획하다, 설계하다

пла́та
[쁠라따]

여 지불, 임금, 요금

платёж
[쁠라쬬쉬]

남 지불

плати́ть-заплати́ть
[쁠라찌찌-자쁠라찌찌]

불완-완 지불하다

пла́тный
[쁠라뜨느이]

형 유료의

плато́к
[쁠라똑]
[나사보이 쁠라똑]

남 수건
носово́й ~ 손수건

пла́тье
[쁠라찌에]

중 의복

плач
[쁠라치]

남 울음

пле́мя
[쁠레먀]

중 종족, 인종

племя́нник
[쁠레만닉]

남 조카

племя́нница
[쁠레만니짜]

여 조카딸

плен
[쁠롄]

남 포로

плечо́
[쁠리초]

중 어깨

плод
[쁠로트]

남 열매, 과일

пло́скость
[쁠로스꺼스찌]

여 평면

пло́тность
[쁠로뜨너스찌]

여 밀도, 농도

пло́хо
[쁠로허]

부 나쁘게, 서투르게

плохо́й
[쁠라호이]
형 나쁜, 좋지 않은

площа́дка
[쁠라샤뜨까]
[스빠르찌브나야 쁠라샤뜨까]
여 광장
спорти́вная ~ 운동장

пло́щадь
[쁠로샤찌]
여 면적, 광장

плюс
[쁠류스]
남 플러스, 덧셈

пляж
[쁠랴쉬]
남 해변

по
[빠]
전 ①(장소, 방향 표시) …으로, …을
②(근거를 표시) …에 의하여, …에 따라

побе́г
[빠베크]
남 도주, 도망

побе́да
[빠베다]
여 승리

побежа́ть
[빠볘좌찌]
완 뛰다, 달리다

побежда́ть-победи́ть
[빠볘즈다찌-빠볘지찌]
불완-완 승리하다, 이기다

поблагодари́ть
[빠블라가다리찌]
완 감사하다

поборо́ть
[빠바로찌]
완 이기다

побоя́ться
[빠바얏짜]
완 두려워하다, 무서워하다

побыва́ть
[빠브이바찌]
완 방문하다, 다녀오다, 방문하다

по́вар
[뽀바르]
남 요리사

пове́рить
[빠베리찌]

완 믿다

поверну́ться
[빠베르눗짜]

완 돌리다, 회전시키다

пове́рхность
[빠베르흐너스찌]
[빠베르흐너스찌 제믈리]

여 표면
~ земли́ 지표면

пове́сить
[빠베씨찌]

완 걸다, 매달다

повести́
[빠베스찌]

완 데리고 가다, 인도하다

пове́стка
[빠베스프까]
[빠베스뜨까 드냐]

여 의정, 토의일정
~ дня 토의일정

по́весть
[뽀베스찌]

여 중편소설

по́вод
[뽀버트]

남 구실, 기회, 동기, 원인

поворо́т
[빠바로트]

남 회전, 방향전환

повседне́вный
[빠프세드녜브느이]
[빠프세드녜브나야 쥐즈니]

형 매일매일의, 일상적인
~ая жизнь 일상생활

повто́р
[빠프또르]

남 되풀이, 반복

повторе́ние
[빠프다레니에]

중 되풀이, 반복, 복습

повыша́ть-повы́сить
[빠븨샤찌-빠븨씨찌]

불완-완 높이다, 증가시키다

повыше́ние
[빠븨쉐니에]

중 증가, 제고, 인상

погиба́ть-поги́бнуть
[빠기바찌-빠기브누찌]

불완-완 죽다, 전사하다, 멸망하다, 사라지다

поглоще́ние
[빠글라쉐니에]

중 흡수

пого́да
[빠고다]

여 날씨

погребе́ние
[빠그레베니에]

중 매장, 장례

под
[뽀트]

전 …밑에, 가까이에, 부근에

подава́ть-пода́ть
[빠다바찌-빠다찌]

불완-완 내놓다, 공급하다, 주다

пода́рок
[빠다럭]
[빠루치찌 브 빠다럭]

남 선물
получи́ть в ~ 선물로 받다

подва́л
[빠드발]

남 지하실

подво́дный
[빠드보드느이]
[빠드보드나야 로트까]

형 물밑의, 수중의
~ая ло́дка 잠수함

подгото́вить
[빠드가또비찌]

완 준비하다, (미리) 마련하다

подгото́вка
[빠드가또프까]

여 준비, 마련, 양성, 훈련

подгру́ппа
[빠드그루빠]

여 소그룹

по́дданство
[뽀단스뜨버]

중 국적

подде́лка
[빠젤까]

여 위조, 모조, 위조품

поддéрживать-поддержáть
[빠드제르쥐바찌-빠드제르좌찌]

불완-완 지지하다, 동의하다, 원조하다, 지원하다

поддéржка
[빠드졔르쉬까]

여 지지, 찬성, 원조, 유지

подзéмный
[빠드졘느이]

형 지하의, 땅속의

подлежáть
[빠들레좌찌]

불완 …해야 한다, …할 필요가 있다

пóдлинник
[뽀들린닉]

남 원본, 원문

подлóжный
[빠들로쥬느이]
[빠들로쥬느이 다꾸몐뜨]

형 위조의
~ый докумéнт 위조문서

поднимáть-поднять
[빠드니마찌-빠드냐찌]

불완-완 들다, 들어올리다

поднóс
[빠드노스]

남 쟁반

подóбный
[빠도브느이]

형 비슷한, 유사한, 같은

подозрéние
[빠다즈례니에]

중 의심, 의혹

подписнóй
[빠드삐스노이]

형 예약의

пóдпись
[뽀드삐시]

여 서명, 수표

подражáние
[빠드라좌니에]

중 모방, 모조

подразделéние
[빠드라즈젤레니에]

중 구분, 세분

подро́бный [빠드로브느이]	형 상세한, 자세한
подро́сток [빠드로스떡]	남 소년, 소녀
подру́га [빠드루가]	남 여자친구
по-друго́му [빠–드루고무]	부 다르게, 달리
подря́д [빠드랴트]	남 ①청부, 계약 부 연이어, 연속적으로
подсо́лнечник [빠드솔네치닉]	남 해바라기
подсчёт [빳숏]	남 계산, 결산
подтёк [빳쪽]	남 멍, 멍든곳
поду́мать [빠두마찌]	완 생각하다
поду́шка [빠두쉬까]	여 베개
подхо́д [빠뜨호트]	남 접근, 태도, 입장
подчёркивать-подчеркну́ть [빳쵸르끼바찌-빳체르크누찌]	불완–완 밑줄을 긋다, 강조하다
подъём [빠지욤]	남 높이는 것, 올리는 것
по́езд [빠에스트]	남 기차
пое́здка [빠에스트까]	여 여행, 유람, 견학

пожа́луйста
[빠잘루이스따]

조 제발, 어서, 예 좋습니다

пожа́р
[빠좌르]

남 화재, 불

пожа́рник
[빠좌르닉]

남 소방대원

пожило́й
[빠질로이]

형 나이가 지긋한, 중년의

пожима́ть-пожа́ть
[빠쥐마찌-빠좌찌]

불완-완 쥐다, 움켜쥐다

по́за
[뽀자]

여 몸가짐, 자세, 포즈

позволя́ть-позво́лить
[빠즈발랴찌-빠즈볼리찌]

불완-완 허락하다, 허가하다

по́здний
[뽀즈드니이]

형 때늦은

поздравля́ть-поздра́вить
[빠즈드라블랴찌-빠즈드라비찌]
[빠즈드라블랴찌 스 쁘라즈드니껨]

불완-완 축하하다
~ с пра́здником 명절을
축하하다

позити́вный
[빠지찌쁘느이]

형 긍정적인

пози́ция
[빠지찌야]

여 위치, 입장, 견해

по́иск
[뽀이스크]

남 탐색, 수색

поиска́ть
[빠이스까찌]

완 탐색하다, 찾다

пойти́
[빠이찌]

완 ①가다, 떠나다 ②(눈, 비가) 내리다

пока́
[빠까]

부 아직도, 당분간 감 안녕히

показа́тель
[빠까자쪨]

남 지표

поклоне́ние
[빠클라네니에]

중 숭배, 예찬

поко́й
[빠꼬이]

남 안정, 평정

поколе́ние
[빠깔레니에]

중 세대

поко́нчить
[빠꼰치찌]

완 с чем 끝내다, 그만두다

покрови́тель, ~ница
[빠끄라비쪨, 빠끄라비쪨니짜]

남 여 보호자

покрыва́ть-покры́ть
[빠끄리바찌-빠끄리찌]

불완-완 덮다, 씌우다

покупа́тель, ~ница
[빠꾸빠쪨, 빠꾸빠쪨니짜]

남 여 구매자, 고객

покупа́ть-купи́ть
[빠꾸빠찌-꾸삐찌]

불완-완 구매하다, 사다

поку́пка
[빠꿈까]

여 구입

поку́шать
[빠꾸샤찌]

완 식사하다, 먹다

пол
[뽈] [무쉬꼬이 뽈]
[젠스끼이 뽈]

남 ①마루, 방바닥 ②성
 мужско́й ~ 남성
 же́нский ~ 여성

по́ле
[뽈레]

중 들, 벌판

поле́зный [빨레즈느이]	형 유익한, 유용한
полёт [빨룟]	남 비행
поли́тика [빨리찌까]	여 정치, 정책
поли́ция [빨리찌야]	여 경찰
полномо́чие [빨나모치에]	중 전권, 권한
по́лностью [뽈너스찌유]	부 완전히, 모조리
по́лночь [뽈노치]	여 한밤중, 야밤
по́лный [뽈느이]	형 찬, 가득찬, 충분한
полови́на [빨라비나]	여 반, 절반
положе́ние [빨라줴니에]	중 위치, 장소, 지위, 정세, 상태
положи́тельный [빨라쥐쩰느이]	형 긍정적인, 좋은, 적극적인
полтора́ [빨따라] [빨따라 치사]	숫 한개반 ~ часа́ 한시간 반
полуфабрика́т [빨루파브리까트]	남 반제품
получа́ть-получи́ть [빨루차찌-빨루치찌]	불완-완 받다, 접수하다, 얻다
по́льзование [뽈저바니에]	중 이용, 사용

пóльзоваться-воспóльзоваться
[뽈저밧짜-바스뽈저밧짜]

불완-완 кем-чем 쓰다, 사용하다

пóлюс
[뽈류스]
[сéверный(ю́жный) 뽈류스]

남 극
Сéверный(Ю́жный) ~ 북(남)극

помидóр
[빠미도르]

남 토마토

пóмнить
[뽐니찌]

불완 о ком-чём 기억하다

помогáть-помóчь
[빠마가찌-빠모치]

불완-완 돕다, 도와주다

пóмощь
[뽀모쉬]

여 도움, 원조

понедéльник
[빠네젤닉]

남 월요일

понижéние
[빠니줴니에]

중 낮아지는 것, 저하

понимáние
[빠니마니에]

중 이해, 이해력

поня́тие
[빠냐찌에]

중 개념, 이해

пополáм
[빠빨람]
[젤리찌 빠빨람]

부 절발씩, 동등하게
дели́ть ~ 절반씩 나누다, 이등분하다

попрáвка
[빠쁘라프까]

여 수정, 개정, 수리

попугáй
[빠뿌가이]

남 앵무새

популя́рный
[빠뿔랴르늬]

형 인기있는, 유명한, 대중적인

П

порá
[빠라]
여 때, 시절, 시기
до сих ~ 지금까지

пóра
[뽀라]
여 땀구멍, 모공

порóг
[빠로크]
남 문턱, 문지방

порóда
[빠로다]
여 (동식물의) 종, 종류

пóрохоны
[빠라허늬]
복 장례식

порошóк
[빠라쑉]
남 가루

порт
[뽀르트]
남 항구, 항만

портрéт
[빠르뜨롓]
남 초상화

портфéль
[빠르뜨펠]
남 서류가방

поручéние
[빠루체니에]
중 위임, 위탁

порядок
[빠랴덕]
[빠 빠랴드꾸]
남 질서, 순서, 절차
по ~ку 차례로

посáдка
[빠사뜨까]
여 ①재배, 심는것 ②착륙

посетитель
[빠쎄찌쩰]
남 손님, 방문객

посещáть-посетить
[빠쎼샤찌-빠세찌찌]
불완-완 방문하다, 찾아가다

посещéние
[빠세쉐니에]
중 방문, 출석

поско́льку
[빠스꼴꾸]

접 …하는 만큼, …하기 때문에

по́сле
[뽀슬레]

접 후에
~ обе́да 점심 후에

после́дний
[빠슬레드니이]

형 마지막의, 최후의

после́дователь
[빠슬레다바쩰]

남 계승자, 후계자

посо́бие
[빠쏘비에]

중 참고서, 보조금

посове́товать
[빠싸베따바찌]

완 권고하다

посо́л
[빠쏠]
[츠레즈븨차인느이 이 빨너모치느이 빠쏠]

남 대사
чрезвыча́йный и полномо́чный ~ 특명전권대사

посо́льство
[빠쏠스뜨버]

중 대사관

поссо́рить
[빠쏘리찌]

완 다투게하다, 싸우게하다

пост
[뽀스뜨]

남 직위, 직책

поста́вка
[빠스따프까]

여 공급

**поставля́ть-
поста́вить**
[빠스따블랴찌-빠스따비찌]

불완–완 공급하다

поставщи́к
[빠스땁쉭]

남 공급자

посте́ль
[빠스쩰]

여 침상, 침대, 침구, 이부자리

П

постепе́нно
[빠스쩨뻰너]

부 점차, 점점

постоя́нный
[빠스따얀느이]

형 끊임없는, 변함없는

постро́йка
[빠스뜨로이까]

여 건설, 건축물, 건물

поступа́ть-поступи́ть
[빠스뚜빠찌-빠스뚜삐찌]

불완-완 입학하다, 들어가다, 취직하다

поступле́ние
[빠스뚜쁠레니에]

중 입학, 취직

посту́пок
[빠스뚜뻑]

남 행위, 행동

посу́да
[빠수다]

여 그릇, 식기

посыла́ть-посла́ть
[빠실라찌-빠슬라찌]

불완-완 보내다, 파견하다

пот
[뽓]

남 땀

потенциа́л
[빠뗀찌알]

남 잠재력

потерпе́ть
[빠쩨르뻬찌]

완 참다, 견디다

поте́ря
[빠쩨랴]

여 상실, 분실, 손실 복 손해

пото́м
[빠똠]

부 그 후에, 그 다음에

пото́мок
[빠또먹]

남 자손, 후손

пото́мство
[빠똠스뜨버]

중 자손, 후손, 후대

потому́
[빠따무]
- 부 그러므로
- 접 ~ что 왜냐하면, …때문이다

потреби́тель
[빠뜨레비쩰]
- 남 소비자

потребле́ние
[빠뜨레블레니에]
- 중 소비

потре́бность
[빠뜨레브너스찌]
- 여 수요, 요구

похо́жий
[빠호쥐이]
- 형 на кого-что 닮은

по́чва
[뽀치바]
- 여 토양, 토지

почему́
[빠체무]
- 부 왜, 어째서

почёт
[빠촛]
- 남 명예, 존경, 존중

починя́ть-почини́ть
[빠치냐찌-빠치니찌]
- 불완-완 고치다, 수리하다

по́чта
[뽀치따]
- 여 우편, 우체국

почти́
[빠치찌]
- 부 거의

по́шлина
[뽀쉴리나]
[따모젠나야 뽀쉴리나]
- 여 세금
  тамо́женная ~ 관세

по́эзия
[빠에지야]
- 여 시

поэ́т
[빠엣]
- 남 시인

поэ́тому
[빠에떠무]
- 부 그러므로, 그렇기때문에

появле́ние
[빠이블레니에]
중 나타나는것, 출현

по́яс
[뽀야스]
남 띠, 허리띠

поясне́ние
[빠이스네니에]
중 설명, 해석

поясня́ть-поясни́ть
[빠이스냐찌-빠이스니찌]
불완-완 설명하다, 해석하다

пра́вда
[쁘라브다]
여 진리, 진실, 정의

пра́вило
[쁘라빌러]
중 규칙, 법칙, 규정, 원칙

пра́вильный
[쁘라빌느이]
형 옳은, 정확한, 규칙적인

прави́тельство
[쁘라비쩰스뜨버]
중 정부

правле́ние
[쁘라블레니에]
중 통치, 지배, 관리

пра́во
[쁘라버]
중 법, 법률, 권리

пра́вый
[쁘라브이]
형 ①오른쪽의 ②우익의 ③옳은, 정당한

пра́здник
[쁘라즈닉]
남 명절, 기념일

пра́зднование
[쁘라즈너바니에]
중 경축, 경축행사, 기념행사

пра́ктика
[쁘락찌까]
여 실천, 실습, 연습, 경험

пребыва́ние
[쁘레브이바니에]
중 체류

превосхо́дный
[쁘레바스호드느이]
- 형 훌륭한, 아주 좋은, 우수한

превыше́ние
[쁘례븨쉐니에]
- 중 초과, 능가

предвари́тельный
[쁘레드바리쪨느이]
- 형 예비적인, 사전의

преде́л
[쁘레젤]
- 남 경계, 한계, 범위

преде́льный
[쁘레젤느이]
- 형 극도의, 최대의, 최고의

предлага́ть-предложи́ть
[쁘레들라가찌-쁘레들라지찌]
- 불완-완 제안하다, 제의하다, 권하다, 위임하다

предложе́ние
[쁘레들라줴니에]
- 중 제의, 제안, 문장

предме́т
[쁘레드몟]
- 남 사물, 물건

предоставле́ние
[쁘레다스따블레니에]
- 중 제공, 부여

предположе́ние
[쁘레드발라줴니에]
- 중 예상, 추측

предпочита́ть-предпоче́сть
[쁘레드빠치따찌-쁘레드빠체스찌]
[쉬떠 븨 쁘레드빠치따에쩨]
- 불완-완 더 좋아하다
что вы ~ита́ете?
당신은 무엇을 더 좋아합니까?

предпринима́тель
[쁘레드쁘리니마쪨]
- 남 기업가

предпринима́тельство
[쁘레드쁘리니마쪨스뜨버]
- 중 기업, 사업, 기업활동

предприя́тие
[쁘레드쁘리야찌에]
- 중 기업, 회사, 공장

П

председа́тель
[쁘레뜨세다쩰]

남 위원장, 의장, 회장

предсказа́ние
[쁘레뜨스까자니에]

중 예언, 예고

представи́тель
[쁘레뜨스따비쩰]

남 대표, 대표자, 대변인

представле́ние
[쁘레뜨스따블레니에]

중 제출, 소개, 추천

предупрежде́ние
[쁘레두쁘레줴니에]

중 예고, 경고, 예방, 방지

пре́жде
[쁘레줴]

부 이전에, 우선

президе́нт
[쁘레지젠뜨]

남 대통령, 사장, 총재

преиму́щество
[쁘레이무쉐스뜨버]

중 우월성, 장점, 우선권

прекра́сный
[쁘레끄라스느이]

형 아름다운, 훌륭한

прекраще́ние
[쁘레끄라쉐니에]

중 중지, 중단

пре́мия
[쁘레미야]

여 상, 상금

премье́р
[쁘레미예르]

남 총리

преобразова́ние
[쁘레아브라자바니에]

중 개혁, 변혁, 개편

преодоле́ние
[쁘레아달레니에]

중 극복

препара́т
[쁘레빠라트]

남 표본, 약제, 약품

преподава́тель,
~ница
[쁘레빠다바쪨, 쁘레빠다바쪨니짜]

남 여 교사, 선생

преподава́ть-
преподава́ть
[쁘레빠다바찌-쁘레빠다찌]

불완-완 가르치다

препя́тствие
[쁘레뺏스뜨비에]

중 장애, 방해, 장애물

прерыва́ть-
прерва́ть
[쁘레릐바찌-쁘레르바찌]

완 중지하다, 중단시키다, 멈추다

пресс-
конфере́нция
[쁘레스-깐폐렌찌야]

여 기자회견

преступле́ние
[쁘레스뚜쁠레니에]
[사볘르쉬찌 쁘레스뚜쁠레니에]

중 위법행위, 범죄
соверши́ть ~e 죄를 짓다

престу́пник, ~ца
[쁘레스뚜쁘닉, 쁘레스뚜쁘니짜]

남 여 범죄자

при
[쁘리]

전 ①부근에, 곁에 ②때에

приба́вка
[쁘리바프까]

여 첨가

приближе́ние
[쁘리블리줴니에]

중 접근

приблизи́тельно
[쁘리블리지쪨너]

부 대략, 약

прибо́р
[쁘리보르]

남 기구, 도구, 장치

при́быль
[쁘리빌]

여 이윤, 이익

П

прибы́тие
[쁘리브이찌에]

중 도착

приве́т
[쁘리벳]

남 인사, 축하, 안녕!

приве́тствие
[쁘리벳스뜨비에]

중 인사, 환영사

привлека́ть-привле́чь
[쁘리블레까찌-쁘리블레치]

불완-완 끌어들이다,
(관심, 주의 등을) 끌다

приво́з
[쁘리보스]

남 반입, 수입, 수입품

привы́чка
[쁘리브이츠까]
[바이찌 브 쁘리브이츠꾸]

여 습관, 버릇
войти́ в ~у 버릇되다

приглаша́ть-пригласи́ть
[쁘리글라샤찌-쁘끌라씨찌]

불완-완 초대하다, 초청하다

приглаше́ние
[쁘리글라쉐니에]

중 초청, 초대

приготовля́ть-пригото́вить
[쁘리가따블랴찌-쁘리가또비찌]

불완-완 준비하다, (음식을) 만들다

придава́ть-прида́ть
[쁘리다바찌-쁘리다찌]

불완-완 첨가하다, 덧붙이다

приём
[쁘리욤]

남 접수, 섭취, 복용

призва́ние
[쁘리즈바니에]

중 임무, 사명

при́знак
[쁘리즈낙]

남 표식, 특징, 지표

приказ
[쁘리까스]
— 명 명령, 지령, 명령서, 지령서

прилагáть-приложи́ть
[쁠릴라가찌-쁠릴라쥐찌]
[쁘릴라가찌 프세 씰리]
— 불완-완 덧붙이다, 첨가하다, 집중하다, 적용하다
 ~ все си́лы 전력을 다하다

прилёт
[쁠리룟]
— 명 착륙

прили́в
[쁘릴리프]
— 명 밀물, 흘러드는것

приложе́ние
[쁘릴라제니에]
— 중 부록, 부가, 첨가

примене́ние
[쁘리메네니에]
— 중 사용, 이용, 적용

применя́ть-примени́ть
[쁘리메냐찌-쁘리메니찌]
— 불완-완 이용하다, 사용하다

приме́р
[쁘리메르]
— 명 예, 실례, 모범, 본보기

приме́рно
[쁘리메르너]
— 부 모범적으로, 대략, 약

примеча́ние
[쁘리메차니에]
— 중 주, 주석

примире́ние
[쁘리미레니에]
— 중 화해

принадлежа́ть
[쁘리나들레좌찌]
— 불완 кому-чему …에 속하다

принима́ть-приня́ть
[쁘리니마찌-쁘리냐찌]
— 불완-완 받다, 접수하다, 담당하다, 책임지다

приноси́ть-принести́
[쁘리너씨찌-쁘리네스찌]
— 불완-완 가져오다, 가져가다, 야기하다

П

при́нтер
[쁘린테르]

남 프린터기

принц
[쁘린쯔]

남 왕자

при́нцип
[쁘린찝]

남 원칙, 원리

принципиа́льный
[쁘린찌삐알느이]

형 원칙적인, 시종일관, 철저한

приня́тие
[쁘리냐찌에]

중 접수, 인수, 채용, 승인, 수락

приобрете́ние
[쁘리아브레쩨니에]

중 얻는것, 획득

приорите́т
[쁘리아리쩨트]

남 우선권, 우위, 우선순위

припра́ва
[쁘리쁘라바]

여 양념, 조미료

приро́да
[쁘리로다]

여 ①자연, 자연계 ②본질, 본성, 천성

приро́ст
[쁘리로스뜨]

남 증대, 증가, 증가량

присвое́ние
[쁘리스바예니에]

중 수여

присоедине́ние
[쁘리사에지녜니에]

중 연합, 결합, 통합

прися́га
[쁘리샤가]
[쁘리냐찌 쁘리샤구]

여 선서
приня́ть ~у 선서하다

прито́к
[쁘리똑]

남 흘러들어오는 것, 강의 지류

прихо́д
[쁘리호트]

남 도착, 도래, 수입

причём
[쁘리촘]
- 접 그리고, 게다가, 또한
- 부 왜, 무슨 까닭에

причи́на
[쁘리치나]
- 여 원인, 이유

прия́тный
[쁘리야뜨느이]
- 형 유쾌한, 반가운, 마음에 드는

про
[쁘로]
- 전 …에 대하여, …을 위하여

про́ба
[쁘로바]
- 여 시험, 실험

про́бка
[쁘롭까]
- 여 마개, 코르크, 장애물, 교통혼잡

про́бовать-попро́бовать
[쁘로바바찌-빠쁘로바바찌]
- 불완-완 맛보다, 해보다, 시도하다

прове́рка
[쁘라베르까]
- 여 검열, 검사

проверя́ть-прове́рить
[쁘라베랴찌-쁘라베리찌]
- 불완-완 검열하다, 검사하다

провока́ция
[쁘라바까찌야]
- 여 도발, 도발행위

прогно́з
[쁘라그노스]
[쁘라그노스 빠고디]
- 남 예측, 예언
  ~ пого́ды 일기예보

програ́мма
[쁘라그람마]
- 여 프로그램, 계획, 일정

прогре́сс
[쁘라그레스]
- 남 전진, 진보

прогу́л
[쁘라굴]
- 남 무단결근, 결석

прогу́лка
[쁘라굴까]
여 산보, 산책

продава́ть-прода́ть
[쁘라다바찌-쁘라다찌]
불완-완 팔다, 판매하다

продаве́ц, ~щи́ца
[쁘라다볘쯔, 쁘라답쉬짜]
남 여 판매원

прода́жа
[쁘라다좌]
[로즈니치나야(압또바야) 쁘라다좌]
[쁘라다좌 나 스끼뜨끼]
여 판매
ро́зничная(опто́вая) ~ 소매(도매)
~ на ски́дки 할인판매"

продле́ние
[쁘라들레니에]
[쁘라들레니에 스록까]
중 연장, 연기
~ сро́ка 기한연기

продово́льствие
[쁘라다볼스뜨비에]
중 식량, 식료품

продолжа́ть-продо́лжить
[쁘라달좌찌-쁘라달쥐찌]
불완-완 계속하다, 늘이다, 연장하다

продолже́ние
[쁘라달줴니에]
중 계속, 지속, 연장

проду́кт
[쁘라둑뜨]
남 제품, 생산품, 결과

продукти́вный
[쁘라둑찌브느이]
형 생산적인, 생산이 높은

прое́зд
[쁘라예스뜨]
[쁘라예스뜨 바스쁘라숀]
남 통행, 통과
~ воспрещён 통행금지

прое́кт
[쁘라엑뜨]
남 ①설계도, 계획, 구상, 프로젝트
②안, 초안

про́за
[쁘로자]
여 산문

прозра́чный
[쁘라즈라츠느이]

형 투명한, 맑은

про́игрывать-проигра́ть
[쁘라이그리바찌-쁘라이그라찌]

불완-완 지다, 패하다, 실패하다, 손해보다

произведе́ние
[쁘라이즈베졔니에]

중 작품

производи́ть-произвести́
[쁘라이즈바지찌-쁘라이즈베스찌]

불완-완 만들다, 생산하다, 제작하다

произво́дство
[쁘라이즈봇스뜨버]

중 생산, 실시, 수행

произноше́ние
[쁘라이즈나쉐니에]

중 발음

происхожде́ние
[쁘라이스하줴니에]

중 발생, 유래, 기원, 출신

прокурату́ра
[쁘라꾸라뚜라]

여 검찰

прокуро́р
[쁘라꾸로르]
[게네랄느이 쁘라꾸로르]

남 검사
генера́льный ~ 검찰총장

промедле́ние
[쁘라베들레니에]

중 지연, 지체

промежу́ток
[쁘라메쥬떡]

남 사이, 간격, 중간

промы́шленность
[쁘라믜쉴렌너스찌]

여 공업

пропуска́ть-пропусти́ть
[쁘라뿌스까찌-쁘라뿌스찌찌]

불완-완 통과시키다, 길을 내주다, 허가하다, 승인하다

проре́ктор
[쁘라렉떠르]

남 부총장, 부학장

проси́ть-попроси́ть
[쁘라씨찌-빠쁘라씨찌]
불완-완 부탁하다, 청하다

проспе́кт
[쁘라스뻭트]
남 ①(크고 넓은)거리, 대로 ②초안, 개요

просто́й
[쁘라스또이]
형 단일한, 단순한, 간단한

простра́нство
[쁘라스뜨란스뜨버]
중 공간, 지역, 지대

просту́да
[쁘라스뚜다]
여 감기

просту́пок
[쁘라스뚜뻑]
남 잘못

про́сьба
[쁘로지바]
여 요청, 청원, 부탁, 요구

проте́ст
[쁘라쩨스뜨]
남 반항, 반대, 항의

про́тив
[쁘로찌프]
전 맞은편에, 반대하여, 맞서

проти́вник
[쁘라찌브닉]
남 적, 원수

противоде́йствие
[쁘라찌바제이스트비에]
중 반작용, 저항, 대립

противополо́жный
[쁘라찌버빨라쥐느이]
형 반대되는, 상반되는

противоре́чие
[쁘라찌바레치에]
중 모순, 반항, 대립, 충돌

противостоя́ть
[쁘라찌바스따야찌]
불완 кому-чему 대립하다, 맞서다

протоко́л
[쁘라따꼴]
남 기록, 회의록, 프로토콜

протяже́ние
[쁘라짜줴니에]
[나 쁘라짜줴니이]

중 거리, 기간
на ~и …에 걸쳐, …동안에

профессиона́льный
[쁘라폐씨아날느이]
[쁘라폐씨아날느이에 발레즈니]

형 직업의, 직업상
~ые боле́зни 직업병

профе́ссия
[쁘라폐씨야]

여 직업, 업

профе́ссор
[쁘라폐쏘르]

남 교수

профила́ктика
[쁘라필락찌까]

여 예방

про́филь
[쁘로필]

남 옆얼굴, 프로필, 단면도

профсою́з
[쁘랍싸유스]

남 노동조합

прохла́дный
[쁘라홀라드느이]

형 시원한, 서늘한

прохо́д
[쁘라호트]

남 통과, 통행, 통로, 출입구

проце́нт
[쁘라쩬트]

남 퍼센트, 이자, 이율

проце́сс
[쁘라쩨스]

남 과정, 행정, 경과

про́чий
[쁘로치이]

형 기타의, 나머지의

про́шлый
[쁘로쉴르이]

형 지난, 저번의
в ~ом году́ 지난해에

проща́ние
[쁘라샤니에]

중 작별, 이별, 작별인사

проще́ние
[쁘라쉐니에]

중 용서

П

195

проявле́ние
[쁘라이블레니에]
중 발현, 표현, 발휘

пруд
[쁘루트]
남 연못

прыжо́к
[쁘리족]
남 뜀뛰기, 도약

прямо́й
[쁘리모이]
형 곧은, 직접의, 솔직한, 노골적인

психоло́гия
[프시할로기야]
여 심리학

пти́ца
[쁘찌짜]
여 새

пу́гало
[뿌갈러]
중 허수아비

пуга́ть-испуга́ть
[뿌가찌-이스뿌가찌]
불완-완 놀라게 하다, 깜짝 놀라게하다

пу́говица
[뿌거비짜]
여 단추

пузы́рь
[뿌즤리]
남 거품

пульс
[뿔스]
남 맥박, 맥

пункт
[뿐끄뜨]
남 ①점, 지점 ②조항, 조

пусто́й
[뿌스또이]
형 빈, 실속없는

пусты́ня
[뿌스띠냐]
여 사막

путём
[뿌쬼]
전 …함으로써, …하는 방법으로

путешéствие [뿌쩨쉐스뜨비에]	중 여행
путь [뿌찌]	남 길, 도로
пух [뿌흐]	남 솜털
пыль [쁠]	여 먼지
пытáться [쁴땃짜]	불완 해보다, 애쓰다, 시도하다
пьéса [삐에싸]	여 희곡, 각본
пюрé [쀼레]	중 퓨레(야채를 갈아서 으깬 걸쭉한 스프)
пя́тка [빠뜨까]	여 발뒤꿈치
пя́тница [뺏니짜]	여 금요일
пятнó [삣뜨노]	중 얼룩, 반점, 오점
пять [빠찌]	수 5
пятьдеся́т [삣지샷]	수 50
пятьсóт [삣쏫]	수 500

Р

раб
[라프]
남 노예

рабо́та
[라보따]
여 일, 사업, 노동

рабо́тать
[라보따찌]
불완 일하다, 사업하다

рабо́тник, ~ца
[라보뜨닉, 라보뜨니짜]
남 여 일꾼, 고용인, 종업원, 노동자

рабо́чий
[라보치이]
형 일의, 작업의, 노동의 남 노동자

ра́венство
[라벤스뜨버]
[즈낙 라벤스뜨바]
중 평등, 균등, 〈수학〉 등식
знак ~а 등호(=)

равно́
[라브노]
술어 같다, 동일하다

равноду́шие
[라브나두쉬에]
중 무관심, 냉정

ра́вный
[라브느이]
형 같은, 동등한, 동일한

рад
[라트]
술어 기쁘다, 반갑다

ра́ди
[라지]
전 …을 위하여, …때문에

ра́дио
[라지오]
중 라디오

радиовеща́ние
[라지오베샤니에]
중 라디오방송

ра́довать
[라다바찌]
불완 기쁘게하다, 즐겁게하다

ра́доваться
[라다밧짜]
[라다밧짜 우스뼤함]
불완 кому-чему 기쁘다, 반가워하다
~ успе́хам 성공을 기뻐하다

ра́дость
[라더스찌]

여 기쁨, 기쁜일

ра́дуга
[라두가]

여 무지개

раз
[라스]
[까즈드이 라스]

남 한번
ка́ждый ~ 매번

разве́дка
[라즈베뜨까]

여 탐사, 시굴, 답사, 정찰

развива́ть-разви́ть
[라즈비바찌-라즈비찌]

불완-완 발전시키다, 발달시키다, 키우다, 기르다

разви́тие
[라즈비찌에]

중 발전, 발달, 성숙

развлека́ть-развле́чь
[라즈블레까찌-라즈블레치]

불완-완 즐기게 하다, 위안하다

развлече́ние
[라즈블레체니에]

중 오락, 위로

разво́д
[라즈보트]

남 이혼

разгово́р
[라즈가보르]

남 이야기, 회화, 대화

разгово́рник
[라즈가보르닉]

남 회화집

разграниче́ние
[라즈그라니체니에]

중 경계의 확정, 경계, 분계, 구획, 구분

разде́л
[라즈젤]

남 ①분할, 분배 ②편, 부

разделя́ть-раздели́ть
[라즈젤랴찌-라즈젤리찌]

불완-완 나누다, 분할하다, 분배하다

razdúmье
[라즈두미에]
중 심사숙고

razлив
[라즐리프]
남 범람, 홍수

razли́чие
[라즐리치에]
중 차이, 차별, 구별

razли́чный
[라즐리치느이]
형 여러가지의, 서로 다른

razлюбля́ть-razлюби́ть
[라즐류블랴찌-라즐류비찌]
불완-완 사랑하지 않게 되다, 싫어지다, 싫증을 느끼다

razме́р
[라즈메르]
남 크기, 치수, 규모, 범위

rа́зница
[라즈니짜]
여 차이

razногла́сие
[라즈나글라씨에]
중 불일치, 불화, 모순

rа́зный
[라즈느이]
형 여러가지의, 다양한

rа́зовый
[라조브이]
형 1회의, 한번의

razору́жение
[라자루줴니에]
중 군비축소, 무장해제

razрабо́тка
[라즈라보트까]
여 개발, 작성, 연구, 채굴

razреза́ть-razре́зать
[라즈레자찌-라즈레자찌]
불완-완 베다, 자르다

razреша́ть-razреши́ть
[라즈레샤찌-라즈레쉬찌]
불완-완 허가하다, 허락하다, 해결하다

разрешéние
[라즈레쉐니에]

중 허가, 해결

разрушáть-разрýшить
[라즈루샤찌-라즈루시찌]

불완-완 파괴하다, 붕괴시키다

разрушéние
[라즈루쉐니에]

중 파괴, 붕괴

разры́в
[라즈리프]

남 단절, 결렬, 절교

рáзум
[라줌]

남 이성

разумéться
[라주멧짜]
[라주메엣짜]

불완 …의 의미로 이해되다
~ется 물론, 말할것도 없이

разýмный
[라줌느이]

형 이성적인, 합리적인

рай
[라이]

남 낙원, 천국

райóн
[라이온]

남 구역, 지역, 지구

рак
[락]

남 ①새우, 가재 ②암

ракéта
[라케따]

여 로케트, 미사일

рáмка
[람까]

여 작은 틀 복 범위, 한계, 테두리

рáна
[라나]

여 상처

рáнний
[란니이]
[라네에 우뜨러]

형 이른, 초기의, 조기의
~ee ýтро 이른아침

ра́но
[라너]
- 부 이르게, 빠르게

ра́ньше
[란쉐]
- 부 더 일찍, 이전에, 그 전에

ра́са
[라싸]
[쥴따야(벨라야, 쵸르나야) 라싸]
- 여 인종
  жёлтая(бе́лая, чёрная) ~
  황(백,흑)인종

раси́зм
[라씨즘]
- 남 인종주의

раскрыва́ть-раскры́ть
[라스크릐바찌-라스크릐찌]
- 불완-완 열다, 펴다, 밝히다

ра́совый
[라싸브이]
[라싸바야 디스크리미나찌야]
- 형 인종의
  ~ая дискримина́ция 인종차별

распа́д
[라스빠트]
- 남 붕괴, 파탄, 몰락

расписа́ние
[라스삐사니에]
- 중 시간표

распи́ска
[라스삐스까]
- 여 영수증

распла́чиваться-расплати́ться
[라스쁠라치밧짜-라스쁠라찟짜]
[라스쁠리칫밧짜 즈 달가미]
- 불완-완 지불하다, 갚다
  ~ с долга́ми 빚을 청산하다

расположе́ние
[라스빨라줴니에]
- 중 배치, 위치

распоря́док
[라스빠랴덕]
- 남 정돈, 정비, 질서

распределе́ние
[라스쁘레젤레니에]
- 중 분배, 배정, 배치

распространéние
[라스쁘라스뜨라녜이에]

중 보급, 전파, 유포, 확산

рассвéт
[라스볫]

남 새벽, 동틀무렵, 초기

расскáз
[라스까스]

남 이야기, 단편소설

расслéдовать
[라슬레더바찌]

불완 완 조사하다, 탐색하다

рассмотрéние
[라스마뜨레니에]

중 심의, 연구, 고찰, 검토

расстанóвка
[라스따노프까]

여 배치, 정렬

расстояние
[라스따야니에]

중 거리, 간격

расстрóйство
[라스뜨로이스뜨버]

중 혼란, 무질서

рассуждéние
[라쑤줴니에]

중 판단, 생각, 고찰 복 의논, 토론

растéние
[라스쩨니에]

중 식물

расти́
[라스찌]

불완 자라다, 크다, 성장하다

расти́тельность
[라스찌쩰너스찌]

여 식물, 식물계, 초목

растрáта
[라스뜨라따]

여 낭비, 소비

расхóд
[라스호트]
[다호듸 이 라스호디]
[라스호듸 나 쥐즈니]

남 지출, 비용, 경비
дохóды и ~ы 수입과 지출
~ы на жизнь 생활비

расчёска
[라스쵸스까]

여 머리빗

P

расчёт [라숏]	남 계산, 셈, 지불
расшире́ние [라쉬레니에]	중 확대, 확장, 증대
расширя́ть-расши́рить [라쉬랴찌-라쉬리찌]	불완-완 넓히다, 확장하다, 확대하다
ра́унд [라운드]	남 라운드
рациона́льный [라찌아날느이]	형 합리적인
рвать [르바찌]	불완 뜯다, 따다, 찢다, 잡아채다, 가로채다
рво́та [르보따]	여 구토
реа́ктор [리악떠르] [아똠느이 리악떠르]	남 원자로 а́томн ый ~ 원자로
реа́кция [리악찌야]	여 반응, 반작용
реализа́ция [리알리자찌야]	여 실현, 실행
реализова́ть [리알리자바찌]	불완 완 실현하다, 실행하다, 실시하다
реа́льный [리알느이]	형 실제적인, 현실적인
ребёнок [리뵤넉]	남 아이, 어린이
ребро́ [리브로]	중 갈비뼈
ребя́та [리뱌따]	복 아이들, 어린이들, 동료

реви́зия
[리비지야]

여 검사, 검열, 조사

ревизо́р
[리비조르]

남 감사관, 검사관, 검찰관

револю́ция
[레발류찌야]

여 혁명

регио́н
[레기온]

남 지역

регистра́ция
[레기스뜨라찌야]

여 등록, 등기, 기입

регла́мент
[레글라멘트]

남 규정, 규칙, 법규, 회의진행절차

регре́сс
[레그레쓰]

남 퇴보, 퇴화, 후진

регули́рование
[레굴리러바니에]
[레굴리러바니에 울리치너버 드비줴니야]

중 정리
~ у́личного движе́ния
교통정리

регули́ровать
[레굴리러바찌]

불완 정리하다, 조정하다

регуля́рный
[레굴랴르느이]

형 규칙적인, 정상적인, 정기적인

реда́ктор
[레닥떠르]

남 편집자, 편집원

реда́кция
[레닥찌야]

여 교열, 편집

ре́дкий
[레드끼이]

형 보기 드문, 희박한, 진귀한

рее́стр
[레예스뜨르]
[레예스뜨르 이무쉐스뜨바]

남 목록, 장부, 등록부
~ иму́щества 재산목록

режи́м
[레쥠]

남 제도, 정책, 질서, 규정, 규칙

резать-разрезать
[레자찌-라즈레자찌]
불완-완 베다, 자르다, 수술하다

резéрв
[레제르프]
남 예비, 예비금

резина
[레지나]
여 고무

резинка
[레진까]
여 고무지우개, 고무줄

рéзкий
[레즈끼이]
형 날카로운, 강렬한, 급격한, 비약적인

резолюция
[레잘류찌야]
[쁘리냐찌 레잘류찌유]
여 결정, 결의
принять ~ю 결정을 채택하다

результáт
[레줄땃]
남 결과, 결말, 성과, 성적

резюмé
[레쥬메]
중 요지, 요약, 결론

рейс
[레이스]
남 항로, 항공로

рекá
[리까]
여 강

реклáма
[리끌라마]
여 광고, 선전

реклами́ровать
[리끌라미러바찌]
불완 완 광고하다, 선전하다

рекомендáция
[리까몐다찌야]
여 소개, 추천, 추천서

рекомендовáть
[리까몐다바찌]
불완 완 추천하다, 권고하다, 제의하다

реконстру́кция
[리깐스뜨룩찌야]
여 개편, 개조

рекóрд
[리꼬르트]
[우스따나비찌 노브이 미라보이 리꼬르트]

남 기록
устанoви́ть нóвый мировóй ~
새로운 세계기록을 세우다

рéктор
[렉따르]

남 대학총장

рели́гия
[렐리기야]

여 종교

реме́нь
[리멘]

남 가죽띠, 벨트

ремóнт
[리몬트]

남 수리

ремонти́ровать
[리만찌라바찌]

불완 수리하다

репутáция
[리뿌따찌야]

여 평, 평판, 명성

ресни́ца
[리스니짜]

여 속눈썹

респýблика
[리시뿌블리까]

여 공화국

ресторáн
[레스따란]

남 식당, 레스토랑

ресýрсы
[레쑤르싀]
[쁘리로드늬에 레쑤르싀]

복 자원
прирóдные ~ 천연자원

реферáт
[리페라트]

남 레포트, 연구보고

рефоми́ровать
[리파르미라바찌]

불완/완 개혁하다, 개정하다

рефóрма
[리포르마]

여 개혁, 혁신

рецéпт
[리쩹트]
- 남 약처방, 처방전

речь
[레치]
- 여 말, 언어, 연설

решáть-решить
[레샤찌-레쉬찌]
- 불완-완 풀다, 해결하다, 결심하다, 결정하다

решéние
[레쉐니에]
- 중 결정, 결심, 해결, 해답

решительный
[레쉬뗄느이]
- 형 단호한, 과감한, 결정적인

рис
[리스]
- 남 벼, 쌀, 밥

риск
[리스크]
- 남 모험, 위험, 리스크

рисовáть-нарисовáть
[리싸바찌-나리싸바찌]
- 불완-완 그림을 그리다, 스케치하다

рисýнок
[리수넉]
- 남 그림, 무늬

ритуáл
[리뚜알]
- 남 의식, 의전

род
[로트]
- 남 가문, 세대, 대, 종류

рóдина
[로지나]
- 여 조국, 고향

родители
[라지뗄리]
- 복 부모

родить
[라지찌]
- 불완/완 낳다, 잃으키다

родиться
[라짓짜]
- 불완/완 태어나다, 출생하다, 나타나다

родно́й
[라드노이]

형 육친의, 태생의, 고향의, 친애하는

ро́дственник
[로드스트벤닉]

남 친척

родство́
[랏스뜨보]

중 친족관계, 친척

рожда́емость
[라쥐다이머스찌]

여 출생률

рожде́ние
[라쥐제니에]

중 출생, 탄생

рождество́
[라쥐제스뜨보]

중 성탄절, 크리스마스

ро́за
[로자]

여 장미

ро́зница
[로느지짜]

여 소매, 소매상품

роль
[롤]

여 역할, 구실, 임무, 배역

рома́н
[라만]

남 장편소설, 로맨스

роса́
[라싸]

여 이슬

ро́скошь
[로스꺼쉬]

여 호화, 사치

росси́йский
[라씨이스끼이]

형 러시아의

Росси́я
[라씨야]

여 러시아

рост
[로스트]

남 성장, 발육, 발전, 증가, 증대

рот
[롯]
남 입

рубе́ж
[루베쉬]
남 경계, 국경
е́хать за ~ 외국으로 가다

руби́ть
[루비찌]
불완 베다, 벌목하다

рубль
[루블]
남 루블(러시아 화폐단위)

руга́ть
[루가찌]
불완 꾸짖다, 험담하다

ружьё
[루쥐요]
중 소총

рука́
[루까]
[레바야(쁘라바야) 루까]
여 손, 팔
ле́вая(пра́вая) ~ 왼손(오른손)

руководи́тель
[루까바지쩰]
남 지도자, 책임자

руководи́ть
[루까바지찌]
불완 кем-чем 지도하다, 지휘하다, 관리하다

руково́дство
[루까보트스뜨버]
중 지도, 지도방침, 지도서

ру́копись
[루꺼삐시]
여 원본, 원고, 초고

ру́сский
[루스끼이]
[루스끼이 이직]
형 러시아의, 러시아인의
~ язы́к 러시아어

ру́чка
[루츠까]
여 볼펜, 손잡이

ры́ба
[리바]
여 물고기

рыба́к
[리박]
남 어부

рыба́лка
[리발까]

여 어업, 고기잡이

рыболо́вство
[리 발롭스뜨버]

중 어업, 고기잡이

рыбопроду́кты
[리바쁘라둑띄]

복 수산물

ры́нок
[리넉]

남 시장

рыча́г
[리차크]

남 지렛대

рюкза́к
[류그작]

남 배낭

ряд
[랴트]

남 줄, 열, 행렬

ря́дом
[랴덤]

부 나란히, 옆에

C

с(со)
[스(싸)]
- 전 …에서, …부터, …때문에, …로 인하여
- 조 …와, …와 함께

сад
[사트]
- 남 정원, 과수원, 공원
  де́тский ~ 유치원

сади́ться-сесть
[사짓짜–세스찌]
- 불완–완 앉다, 착석하다

сала́т
[살라트]
- 남 샐러드

сало́н
[살론]
- 남 객실, 응접실, 이발소

салфе́тка
[살펫까]
- 여 냅킨

салю́т
[살류트]
- 남 예포, 축포, 불꽃놀이

сам
[삼]
[사마, 사미]
- 남 (녀 ~á, 복 ~и) 자기, 자신, 그 자체

самова́р
[사마바르]
- 남 싸모바르(안에 숯불을 넣는 러시아 특유의 물 끓이는 그릇)

самолёт
[사말룟]
- 남 비행기

самолю́бие
[사마류비에]
- 중 자부심, 자존심

самостоя́тельный
[사마스따야젤느이]
- 형 자립적인, 독립적인, 자주적인

самоуби́йство
[사마우비이스뜨버]
- 중 자살

самоуваже́ние
[사마우바줴니에]
- 중 자존심

самочу́вствие
[사마촙스뜨비에]
- 중 건강상태, 기분

са́мый
[사므이]

대 가장, 제일

санато́рий
[사나또리이]

남 요양소

са́нкция
[사크찌야]

여 인가, 비준, 승인, 〈법률〉제재

сапоги́
[사빠기]

복 장화

са́хар
[사하르]

남 설탕

сбере́гать-сбере́чь
[즈베레가찌-즈베레치]
[즈베레가찌 젠기]

불완-완 소중히 보관하다, 저축하다, 저금하다
~ де́ньги 돈을 저축하다

сближе́ние
[즈블리줴니에]

중 접근, 친근

сбор
[즈보르]

남 수집, 집합, 모집, 수확, 추수

сбо́рка
[즈보르까]

여 조립

сбо́рник
[즈보르닉]
[즈보르닉 스따쩨이]
[즈보르닉 스찌호프]

남 선집, 집
~ стате́й 논문집
~ стихо́в 시집

сбыт
[즈븨트]

남 판매

сва́дьба
[스바지바]

여 결혼, 결혼식

сва́лка
[스발까]

여 쓰레기장

свари́ть
[스바리찌]

→вари́ть

сва́рка
[스바르까]

여 용접

све́дение
[스베제니에]

중 보도, 정보, 통지, 소식

све́жий
[스베쥐이]
[스베쥐에 프룩띠]
[스베쥐이 흘롑]

형 신선한, 새로운, 방금 만든
~ие фру́кты 신선한 과일
~ий хлеб 갓 구어낸 빵

свёкор
[스뵤꼬르]

남 시아버지

свекро́вь
[스베르끄로피]

여 시어머니

сверх
[스베르흐]

전 위에

свет
[스벳]

남 ①빛, 광선 ②세계, 세상

свети́ть
[스베찌찌]

불완 빛나다, 비치다

све́тлый
[스베뜰르이]
[스베뜰라야 꼼나따]
[스베뜰릐에 볼러싀]

형 밝은, 환한, 맑은, 투명한, 명랑한
~ая ко́мната 밝은 방
~ые во́лосы 금발머리

светофо́р
[스베따포르]

남 신호등

свеча́
[스베차]

여 양초

свида́ние
[스비다니에]
[다 스비다니야]

중 면회, 상봉
до ~я 안녕히 계십시오(가십시오)

свиде́тельство
[스비제뗄스뜨버]

중 증언, 증명, 입증, 증거물

свини́на
[스비니나]

여 돼지고기

свинья́
[스비니야]

여 돼지

свист
[스비스뜨]

남 휘파람

свобо́да
[스바보다]

여 자유

свобо́дный
[스바보드느이]
[스바보드너에 메스떠]
[프 스바보드너에 브레먀]

형 자유로운, 구속되지 않는, 빈, 한가한
~ое ме́сто 빈자리
в ~ое вре́мя 한가한 때에

своевре́менный
[스바에브레멘느이]

형 시기적절한

свой
[스보이]

대 자기의, 자신의, 고유한, 독특한

сво́йство
[스보이스뜨버]

중 특성, 속성

связь
[스뱌시]
[드루줴스키에 스뱌지]

여 관계, 연관, 연락
дру́жеские ~и 우호관계

свяще́нник
[스뱌쉔닉]

남 목사, 사제

сдава́ть-сдать
[즈다바찌-즈다찌]
[즈다바찌 바렌두]
[즈다바찌 익자멘]

불완-완 맡기다, 넘기다, 인도하다,
건네주다, 빌려주다, (시험에) 통과하다,
합격하다 ~ в аре́нду 세주다
~ экза́мен 시험에 통과하다

сда́ча
[즈다차]

여 인도, 교부, 납부, 납입, 거스름돈

сде́лка
[즈젤까]
[자클류치찌 즈젤꾸]

여 거래, 계약, 협정
заключи́ть ~у 계약을 체결하다

себя́
[시뱌]

대 자기, 자신, 자체

се́вер
[세베르]

남 북, 북쪽, 북부지방

сего́дня
[시보드냐]

부 오늘, 현재, 지금

седо́й
[시도이]
[시도이 볼러싀]
[시도이 스따릭]

형 백발의
~ые во́лосы 흰 머리카락
~о́й стари́к 백발노인

сезо́н
[시존]

남 철, 계절, 시절

сейча́с
[시이차스]

부 지금, 이제, 곧

секре́т
[시끄롓]

남 비밀

секрета́рь
[시끄리따리]

남 비서, 서기, 서기관

се́ктор
[섹떠르]

남 부분, 부문, 구역, 지역

секу́нда
[시꾼다]

여 (시간) 초

се́кция
[섹찌야]

여 분과, 부, 부분, 부문

село́
[셀로]

중 농촌, 큰 마을

се́льский
[셀스끼이]
[셀스꺼에 하쟈이스뜨버]

형 농촌의, 마을의
~ое хозя́йство 농업

**сельскохозя́йств-
енный**
[셀스꺼하쟈이스뜨벤느이]
[셀스꺼쟈이스뜨벤나야 스뜨라나]

형 농업의
~ая страна́ 농업국가

семéйный
[세몌인느이]
[세몌인너예 바스삐따니에]

형 가정의, 가족의
~ое воспитáние 가정교육

семинáр
[세미나르]

남 학과토론, 세미나, 강습회

семнáдцать
[심낫짜찌]

수 17

семь
[셈]

수 7

сéмьдесят
[셈지샷]

수 70

семьсóт
[셈솟]

수 700

семья́
[시미야]

중 가정, 가족, 세대

сéмя
[시먀]

중 씨, 씨앗, 종자

senát
[시낫]

남 상원

сенáтор
[시나떠르]

남 상원의원

сентя́брь
[신짜브리]

남 9월

сéрвис
[세르비스]

남 서비스, 봉사

сéрдце
[세르쩨]

중 심장, 마음, 가슴

серебрó
[세레브로]

중 은, 은그릇, 은세공품

сéрый
[세르이]

형 회색의, 잿빛의

serьга́
[시리가]

여 귀걸이

серьёзный
[시리요즈느이]

형 신중한, 진지한

се́ссия
[세시야]

여 회의, 정기회의

сестра́
[시스트라]

여 누이, 언니, 여동생

сесть
[세스찌]

→ сади́ться

сеть
[세찌]

여 그물, 망

сжа́тый
[스좌뜨이]

형 압축된, 함축된, 단축된

сжиже́ние
[스쥐제니에]

중 액화, 액체화

сигна́л
[시그날]
[다찌 시그날]
[빠좌르느이 시그날]

남 신호, 경보, 경고
дать ~ 신호하다
пожа́рный ~ 화재경보

сиде́ть
[시제찌]

불완 앉아있다, 머무르다

си́ла
[실라]

여 힘 복 세력

си́льный
[실느이]

형 힘이 센, 강한, 세찬
~ая боль 강한 아픔
~ ве́тер 세찬 바람

си́мвол
[실벌]

남 상징, 기호, 부호

си́ний
[시니이]

형 푸른, 파란

синхро́нный
[신흐론느이]

형 동시의
~ перево́д 동시통역

сирота́
[시라따]

여 고아

систе́ма
[시스쩨마]
[쁘리베스찌 프 시스쩨무]

여 ①시스템, 체계 ②계통, 기관 ③질서, 순서
привести́ в ~у 체계화하다

систематиза́ция
[시스쩨마찌자찌야]

여 체계화

ситуа́ция
[시뚜아찌야]

여 정세, 상태, 형세

сказа́ть
[스까자찌]

완 말하다, 이야기하다

ска́зка
[스까스까]

여 옛날이야기, 동화

сканда́л
[스깐달]

남 스캔들, 추문

ски́дка
[스끼뜨까]

여 할인, 감액

склад
[스끌라트]

남 창고

ско́бка
[스꼽까]
[앗크리찌(자크리찌) 스꼽까]

여 괄호( )
откры́ть(закры́ть) ~ 괄호를 열다(닫다)

ско́льзкий
[스꼴스끼이]
[스꼴스까야 다로가]

형 미끄러운, 미끈미끈한
~ая доро́га 미끄러운 길

ско́лько
[스꼴까]
[스꼴까 찌베 렛?]
[스꼴까 스또잇?]

부 얼마, 몇, 얼마나 많은
~ тебе́ лет? 너는 몇살이냐?
~ сто́ит? (값이) 얼마입니까?

скóро
[스꼬러]

부 빨리, 속히, 곧

скóрость
[스꼬러스찌]

여 속도, 속력
~ в час 시속

скóрый
[스꼬리이]
[스꼬라야 뽀머쉬]

형 빠른, 속력이 빠른, 성급한
~ая пóмощь 구급차

скрúпка
[스끄립까]

남 바이올린

скрóмный
[스크롬느이]

형 겸손한, 얌전한, 소박한

скульптýра
[스꿀프뚜라]

여 조각, 조각품, 조각술

скýчный
[스꾸츠느이]

형 재미없는, 따분한

слáбость
[슬라버스찌]

여 허약, 쇠약, 약점, 취약점

слáбый
[슬라브이]

형 약한, 힘없는, 허약한

слáва
[슬라바]

여 영광, 명예, 명성, 평판

слáдкий
[슬라뜨끼이]
[슬라뜨끼이 쏜]

형 단, 달콤한
~ий сон 달콤한 잠

слáдость
[슬라더스찌]

여 단것, 단맛 복 당과류, 단음식

слéва
[슬레바]

부 왼쪽에, 왼쪽에서부터

след
[슬레트]

남 발자국, 자취, 흔적

сле́довать-после́довать
[슬레다바찌-빠슬레다바찌]

불완-완 за кем-чем 뒤를 따라가다, 쫓다, 따르다

сле́дствие
[슬레뜨스뜨비에]

중 결과, 결말

сле́дующий
[슬레두유쉬이]

형 다음의, 뒤에 오는

слеза́
[슬레자]

여 눈물

слепо́й
[슬레뽀이]

형 눈이 먼, 보지 못하는

слова́рь
[슬라바리]
[루스꺼-까레이스끼이 슬라바리]

남 사전
ру́сско-коре́йский ~ 러한사전

сло́во
[슬로버]

중 단어, 말, 언어

сло́жный
[슬로즈느이]

형 합성의, 복합의, 복잡한, 착잡한

слой
[슬로이]

남 층, 계층, 사회층

слон
[슬론]

남 코끼리

слу́жба
[슬루쥐바]

여 복무, 근무, 일, 일터, 직무

служи́ть
[슬루쥐찌]

불완 근무하다, 역할을 하다, 봉사하다

слух
[슬루흐]

남 청각, 소문

слу́чай
[슬루차이]
[프 따꼼 슬루차에]

남 경우, 기회, 일, 사건
в тако́м ~е 그렇다면

случа́йный
[슬루차이느이]

형 우연한, 우연적인

**случа́ться-
случи́ться**
[슬루찻짜-슬루칫짜]
[쉬또 슬루칠로시]

불완-완 일어나다, 발생하다
что ~лось? 무슨 일 인가?

слу́шатель
[슬루샤쩰]

남 청취자, 듣는사람, 청강생

слу́шать
[슬루샤찌]

불완 듣다, 청취하다, 강의를 듣다

**слы́шать-
услы́шать**
[슬리샤찌-우슬리샤찌]

불완-완 들리다, 듣다

сме́лый
[스벨르이]

형 용감한, 대담한

сме́на
[스메나]

여 교체, 바꾸는것, 교대

сме́ртность
[스메르뜨너스찌]

여 사망률

смерть
[스메르찌]

여 죽음, 사망

сме́та
[스메따]

여 예산, 견적

смех
[스메흐]

남 웃음, 웃음소리

**сме́шивать-
смеша́ть**
[스메쉬바찌-스메샤찌]

불완-완 섞다, 혼합하다, 혼란시키다

смешно́й
[스메쉬노이]

형 우스운, 가소로운

смея́ться
[스메얏짜]

불완 웃다, над кем-чем 조롱하다, 비웃다

смотреть-посмотреть
[스마뜨레찌-빠스마뜨레찌]
불완-완 보다, 쳐다보다, 구경하다

смысл
[스미슬]
남 뜻, 의미, 내용

смягчение
[스먀흐체니에]
중 완화, 경감

снабжать-снабдить
[스나브좌찌-스나브지찌]
불완-완 공급하다, 보급하다

снабжение
[스나브줴니에]
중 공급, 보급

снег
[스녜크]
[스녜크 이쫏]
남 눈
~ идёт 눈이 내린다

снежный
[스녜쥐느이]
형 눈의
~ые хлопья 함박눈

снижать-снизить
[스니좌찌-스니지찌]
불완-완 내리다, 낮추다, 줄이다
~ цены 값을 내리다

снимать-снять
[스니마찌-스냐찌]
불완-완 벗다, 해명하다, 제명하다, (사진을) 찍다, 촬영하다

снова
[스노바]
부 다시, 또 다시, 재차, 새로

сноха
[스나하]
여 며느리

собака
[사바까]
여 개

соблюдение
[사블류제니에]
중 준수

собрание
[사브라니에]
중 회의, 모임, 집회

сóбственный
[솝스뜨벤느이]

형 자기소유의, 자기의, 자신의

собы́тие
[사븨찌에]

중 일, 사건

соверша́ть-
соверши́ть
[사베르샤찌-사베르쉬찌]

불완-완 수행하다, 실현하다, 완수하다

соверше́ние
[사베르쉐니에]

중 수행, 집행, 실현

соверше́нный
[사베르쉔느이]

형 완벽한, 완전무결한, 절대적인

соверше́нствовать-
усоверше́нствовать
[사베르쉔스뜨버바찌-
우사베르쉔스뜨버바찌]

불완-완 완성하다

сове́т
[사볫]

남 권고, 조언, 충고

сове́тник
[사볫뜨닉]

남 조언자, 충고자, 고문관, 고문

сове́товать-
посове́товать
[사베뗘바찌-빠싸볫떠바찌]

불완-완 кому 조언하다, 충고하다, 권하다

сове́тский
[사볫스끼이]

형 소련의

совеща́ние
[사베샤니에]

중 협의회, 회의

совме́стный
[사프메스뜨느이]

형 공동의

совоку́пность
[사바꾸쁜너스찌]

여 전체, 총체

совпада́ть-совпа́сть
[삽프빠다찌-삽프빠스찌]

불완-완 일치하다, 부합하다

совпадéние [сяпбадженнии]	중 일치, 합치, 부합
совремéнный [сабрьемьенныи]	형 현대의, 현대적인
совсéм [сафсьем]	부 전혀, 완전히, 전적으로
соглáсие [сагласийе]	중 동의, 승낙, 합의, 의견일치
соглáсный [сагласныи]	형 на что 찬성하는, 동의하는 с кем-чем 의견을 같이하는, 견해가 일치하는
согласовáние [сагласабанийе]	중 합의, 일치, 조화
соглашéние [сагласьенийе]	중 협정, 합의
содéйствие [садьеистбийе]	중 협력, 협조
содержáние [садьержанийе]	중 내용, 함유량, (서적, 잡지 등의) 차례
содержáть [садьержать]	불완 함유하다, 내용으로 지니다, 경영하다, 유지하다
содрýжество [садружьестба]	중 단합, 우의, 동맹, 우호관계
соединéние [сайединьенийе]	중 결합, 합동, 연합, 연결(점)
Соединённые Штáты Амéрики (США) [сайединьонныйе штаты амьерики]	복 미국, 미합중국
соединя́ть-соедини́ть [сайединять-сайединить]	불완-완 연결하다, 결합하다, 잇다

сожале́ние
[사찔레니에]

중 о ком-чём 유감, 애석함
к кому-чему 동정, 연민

созна́ние
[사즈나니에]

중 의식, 자각, 정신

созна́тельный
[사즈나쩰느이]

형 의식적인, 자각적인, 고의적인

созрева́ние
[사즈레바니에]

중 익는것, 성숙

созы́в
[사즤프]

남 (회의, 대회 등의) 소집

сок
[속]

남 즙, 액, 주스

сокраща́ть-сократи́ть
[사끄라샤찌-사끄라찌찌]

불완-완 단축하다, 생략하다, 줄이다

сокраще́ние
[사끄라쉐니에]

중 단축, 축소, 삭감, 줄임, 생략

сокращённый
[사끄라숀느이]
[사끄라숀너에 쓸로버]

형 줄인, 단축한, 생략한
~ое сло́во 약어

солда́т
[살다트]

남 병사

солёный
[살룐느이]

형 짠, 소금에 절인, 염분이 있는

солида́рный
[살리다르느이]

형 공동의, 일치한, 연대의

соли́дный
[살리드느이]

형 듬직한, 권위있는, (크기가) 상당한

соли́ст, ~ка
[솔리스트, 솔리스뜨까]

남 여 독주가, 독주가, 솔리스트

со́лнце
[손쩨]
[바스호트 손짜]

중 태양, 해
восхо́д ~а 해돋이

со́ло
[솔러]

중 독창(곡), 독주(곡)

соль
[솔]

여 소금

сомне́ние
[삼녜니에]

중 의심, 의혹

сон
[손]
[비제찌 손]

남 잠, 수면, 꿈
ви́деть ~ 꿈을 꾸다

со́ня
[소냐]

남 여 잠꾸러기

соображе́ние
[사아브라줴니에]

중 이해력, 의견, 생각

сообща́ть-сообщи́ть
[사압샤찌-사압쉬찌]

불완-완 전하다, 알리다, 통지하다, 보도하다

сообще́ние
[사압쉐니에]

중 ①보도, 통신, 통지 ②교통, 운수, 연락

соо́бщество
[사옵쉐스뜨버]

중 집단, 공동체, 조합

сооруже́ние
[사루줴니에]

중 건설, 건축 복 건축물, 구조물, 시설물

соотве́тствие
[사앗벳쯔뜨비에]

중 일치, 적응, 상응

соотве́тствовать
[사앗스뜨벳쓰드버바찌]

불완 кому-чему 일치하다, 부합하다, 맞다

соотéчественник, ~ца
[사앗체스뜨벤닉, 사앗체스뜨벤니짜]

남 여 동포

C

сопе́рник, ~ца
[사뼤르닉, 사뼤르니짜]

남 여 적수, 경쟁자

сопоставле́ние
[사빠스따블레니에]

중 비교, 대비, 대조

сопоставля́ть-сопоста́вить
[사빠스따블랴찌-사빠스따비찌]

불완-완 비교하다, 대조하다, 견주다

сопровожде́ние
[사브라바줴니에]

중 동행, 동반, 수반

соревнова́ние
[사레브나바니에]

중 경쟁 복 경기, 시합

со́рок
[소럭]

수 40

сорт
[소르트]

남 품질, 품종, 종류

сосе́д
[사세트]

남 이웃, 이웃사람

сосе́дний
[사세드니이]
[사세드니에 스뜨라니]

형 이웃의, 옆에 있는, 인접한
~ие стра́ны 주변국가, 인접국가

соси́ска
[사시스까]

여 소시지

сосна́
[사스나]

여 소나무

сосредото́чение
[사스레다또체니에]

중 집중

соста́в
[사쓰따프]

남 구성, 조성, 성원, 성분

составля́ть-соста́вить
[사스따블랴찌-사스따비찌]

불완-완 조립하다, 만들다, 조성하다, 구성하다, 작성하다

состоя́ние
[사스따야니에]
중 상태, 정세, 형편, 기분, 정신상태

состоя́ть
[사쓰따야찌]
불완 из кого́-чего́ …으로 구성되어있다, 성립되다, в чём …에 있다, 존재하다

сосу́д
[사쑤트]
남 그릇, 용기

сотру́дник
[사뜨루드닉]
남 직원, 일꾼, 근무자, 동료

сотру́дничать
[사뜨루드니차찌]
불완 с кем 협력하다, 협조하다

сотру́дничество
[사뜨루드니체스뜨버]
중 협조, 협력

со́ус
[소우스]
[소이브이 소우스]
남 소스
со́евый ~ 간장

сохране́ние
[사흐라녜니에]
중 보존, 보관, 유지

социа́льный
[사찌알느이]
[사찌알느이 빨라줴니에]
형 사회의, 사회적
~ое положе́ние 사회적 지위

сочета́ние
[사체따니에]
중 결합, 배합, 조화

сочине́ние
[사치녜니에]
중 저서, 작품, 작문, 글짓기

сочу́вствие
[사춥스뜨비에]
중 동정심

сою́з
[사유스]
남 동맹, 연맹

спад
[스빠트]
남 저하, 약화, 감소

спада́ть-спасть
[스빠다찌-스빠스찌]
불완-완 떨어지다, 줄다, 낮아지다, 감소하다

спа́льня
[스빨냐]
여 침실

спаса́ть-спасти́
[스빠싸찌-스빠스찌]
불완-완 살려주다, 구출하다

спасе́ние
[스빠세니에]
중 구원, 구조, 구출

спаси́бо
[스빠씨버]
[발쇼에 스빠씨버]
술어 감사합니다, 고맙습니다
большо́е ~ 대단히 감사합니다

спать
[스빠찌]
불완 자다, 잠자다

спекта́кль
[스뻭따끌]
남 연극, 공연

спекуля́ция
[스뻬꿀랴찌야]
여 투기

специализа́ция
[스뻬찌알리자찌야]
여 전문화, 학과, 전공과목

**специализи́рованн-
ый**
[스뻬찌알리지로반느이]
형 전문화된, 전문적인

специа́льный
[스뻬찌알느이]
형 전문의, 특별한, 특수한

специ́фика
[스뻬찌피까]
여 특성, 특수성, 특징

спеши́ть
[스뻬쉬찌]
불완 서두르다, 서둘러 하다

спе́шный
[스뻬쉬느이]
형 급한

спина́
[스삐나]
여 등록, 등기, 기입

спирт
[스뻬르뜨]

남 알코올

спи́сок
[스뻬썩]

남 명단, 명부, 목록

споко́йный
[스빠꼬인느이]

형 고요한, 조용한, 잔잔한, 평안한

споко́йствие
[스빠꼬이스뜨비에]

중 안심, 안녕, 침착, 고요한 마음

спор
[스뽀르]

남 논쟁, 말다툼, 분쟁, 싸움

спо́рить
[스뽀리찌]

불완 о ком-чём 논쟁하다, 말다툼 하다, 경쟁하다

спорт
[스뽀르트]

남 체육

спорти́вный
[스빠르찌브느이]
[스빠르찌브느이에 사례브너바니에]

형 체육의
~ые соревнова́ние 체육경기
а́дка 운동장

спортсме́н, ~ка
[스빠르츠멘, 스빠르츠멘까]

남 여 선수, 스포츠맨

спо́соб
[스뽀서쁘]

남 방법, 방식, 수단

спосо́бность
[스빠소브너스찌]

여 보통 복 재능, 능력, 힘

спосо́бный
[스빠소브느이]

형 재능있는, 재주있는, 유능한

спосо́бствовать
[스빠솝스뜨버바찌]

불완-완 돕다, 협조하다, 촉진시키다

спра́ва
[스쁘라바]

부 오른쪽에, 오른쪽으로부터

справедли́вый
[스쁘라베들리브이]

형 정당한, 공정한

C

спра́вник
[스쁘라프닉]

남 증명서

**спра́шивать-
спроси́ть**
[스쁘라쉬바찌-스쁘라시찌]

불완-완 묻다, 질문하다, 문의하다

спрос
[스쁘로스]
[스쁘로스 이 쁘례들라줴니에]

남 수요, 요구
~ и предложе́ние 수요와 공급

спуска́ть-спусти́ть
[스뿌스까찌-스뿌스찌찌]

불완-완 내리다, 내려놓다, 놓아주다

спустя́
[스뿌스쨔]
[스뿌스쨔 고트]

전 지나서, 후에
~ год 1년 지나서

спу́тник
[스뿌뜨닉]
[이스꾸스뜨볜느이 스뿌뜨닉]

남 길동무, 동행자, 〈천문〉위성
иску́сственный ~ 인공위성

сравне́ние
[스라브네니에]
[빠 스라브네니유 스]

중 비교, 대비
по ~ю с кем-чем …와 비교하여

**сра́внивать-
сравни́ть**
[스라브니바찌-스라브니찌]

불완-완 с кем-чем 비교하다, 대조하다

сраже́ние
[스라줴니에]

중 싸움, 전투

сра́зу
[사라주]

부 단번에, 한꺼번에, 즉시, 곧

среда́
[스례다]

여 ①수요일 ②환경, 계층

среди́
[스례지]

전 한가운데, 중간에

сре́дний
[스례드니이]
[스례드니이 우라볜]

형 가운데의, 중간의, 보통의, 평균의
~ у́ровень 평균수준

срéдство [스레쯔스뜨버]	중 수단, 방법, 방책, 약, 약품 복 돈, 자금
срок [스록]	남 기간, 기한
срóчный [스로츠느이]	형 급한, 긴급한
ссóра [소라]	여 다툼, 싸움, 불화
ссóриться-поссóриться [소릿짜-빠소릿짜]	불완-완 с кем 다투다, 싸우다, 불화를 일으키다
ссýда [수다]	여 대부, 대여, 대출
ссы́лка [쉴까]	여 ①유형, 추방 ②인용, 인용문구
стаби́льный [스따빌느이]	형 안정된, 고착된
стáвить-постáвить [스따비찌-빠스따비찌]	불완-완 세우다, 세워놓다, 놓다, 두다, 조직하다, 실시하다
стадиóн [스따지온]	남 경기장
стáдия [스따지야]	여 단계
стажёр [스따죠르]	남 견습생, 실습생
стакáн [스따깐]	남 컵
стáлкивать-столкнýть [스딸끼바찌-스딸그누찌]	불완-완 떠밀다, 밀어넣다, 밀어버리다, 충돌시키다

сталь
[스딸]

남 강철

станда́рт
[스딴다르트]

남 규격, 기준, 표준

ста́нция
[스딴찌야]

여 역, 정거장, 정류소

стара́ние
[스따라니에]

중 노력, 열심, 열성

стара́ться-постара́ться
[스따랏짜-빠스따랏짜]

불완-완 노력하다, 하려고 애쓰다

старе́ние
[스따례니에]

중 노년이 되는것, 노쇠, 노화

стари́к
[스따릭]

남 노인

ста́рость
[스따러스찌]

여 노년, 노령, 노화

старт
[스따르트]

남 출발선, 출발점

ста́рший
[스따르쉬이]
[스따르샤야 시스뜨라]
[스따르쉬이 브랏]

형 연장의, 지위가 위인, 최상급의
남 어른, 책임자, 상급
~ая сестра́ 누나, 언니
~ий брат 형, 오빠

ста́рый
[스따로이]
[스따로이 칠라벡]
[츠따로이 쌀다트]
[스따로이 돔]

형 늙은, 오랜, 낡은, 헌
~ый челове́к 노인
~ый солда́т 노병
~ый дом 낡은 집

стати́стика
[스따찌스찌까]

여 통계학

стать
[스따찌]
[스빨러 홀러드너]
[스따찌 지쁠라마똠]

완 되다, 일어나다, 시작하다, (일 따위에) 착수하다
ста́ло хо́лодно 추워졌다
~ диплома́том 외교관이 되다

стекло́
[스찌끌로]

중 유리, 유리제품

стена́
[스찌나]

여 벽

стенд
[스뗀트]

남 전시대, 진열대, 시험대, 조립대

сте́пень
[스쩨뻰]

여 정도, 한도, 급, 등급, 학위

стесне́ние
[스찌스녜니에]

중 부끄러움

стесня́ть-стесни́ть
[스찌스냐찌-스찌스니찌]

불완-완 구속하다, 압박하다, 누르다, 짓누르다

стесня́ться-стесни́ться
[스찌스냣짜-스찌스닛짜]
[니 스찌스냐이쪠스]

불완-완 망설이다, 사양하다
не ~йтесь! 사양하지 마십시오!

стиль
[스찔]
[아르히쩩뚜르느이 스찔]

남 양식, 방식, 문체
архитекту́рный ~ 건축양식

сти́мул
[스찌물]

남 자극, 동기

стипе́ндия
[스찌뻰지야]

여 장학금

стира́ть-вы́стирать
[스찌라찌-븨스찌라찌]

불완-완 세탁하다, 빨래하다

стира́ть-стере́ть
[스찌라찌-스쪠례찌]
[스찌라찌 즈 다스끼]

불완-완 씻다, 훔치다, 닦아내다, 지워버리다
~ с доски́ 칠판을 지우다

стирка
[스찌르까]

여 빨래, 세탁

стих
[스찌흐]

남 시, 시구

стихийный
[스찌히느이]
[스찌히녀에 벳스뜨비에]

형 자연의, 자연발생적인
~ое бе́дствие 자연재해

сто
[스또]

수 100

сто́ить
[스또이찌]

불완 …의 값이다, 가치가 있다,
…을 요구하다
ско́лько ~? 값이 얼마입니까?
~ит большо́го труда́
많은 노력을 요구하다

стол
[스똘]

남 상, 책상, 식사, 요리, 음식

столб
[스똘프]

남 기둥

столи́ца
[스딸리짜]

여 수도

столкнове́ние
[스딸끄나베니에]

중 충돌

столо́вая
[스딸로바야]

여 식당

сто́лько
[스똘까]

부 그만큼, 그렇게까지

стоп
[스똡]

남 스톱, 정지

сторона́
[스따라나]

여 쪽, 방향, 편, 면, 관점, 견지

стоя́нка
[스따얀까]

여 정지, 정박, 정차장, 주차장

стоя́ть
[스따야찌]

불완 서있다, 있다, 위치하다

страда́ть
[스뜨라다찌]
[스뜨라다찌 앗 볼리]

불완 고통을 겪다, 고민하다, 앓다, 괴로워하다, 손해를 입다
~ от бо́ли 아파서 고통을 겪다

страна́
[스뜨라나]

여 국가, 나라

страсть
[스뜨라스찌]

여 열정, 열망

страх
[스뜨라흐]

남 공포, 무서움

страхова́ние
[스뜨라하바니에]

중 보험
~ жи́зни 생명보험

стра́шный
[스따르쉬느이]
[스따르쉬느이 나스마르크]

형 무서운, 무시무시한, 지독한
~ый на́сморк 지독한 감기

стрекоза́
[스뜨레까자]

여 잠자리

стрела́
[스뜨렐라]
[뿌스찌찌 스뜨렐루]

여 화살
пусти́ть ~у́ 활을 쏘다

стре́лка
[스뜨렐까]
[스뜨렐까 치소프]

여 바늘, 지침
~а часо́в 시계바늘

стреля́ть
[스뜨렐랴찌]

불완 쏘다, 사격하다

стреми́ться
[스뜨레밋짜]

불완 노력하다, 애쓰다, 지향하다, 갈망하다

стремле́ние
[스뜨레믈레니에]

중 지향, 갈망

стресс
[스뜨레스]

남 스트레스, 긴장

стро́гий
[스뜨로기이]

형 엄격한, 엄한, 엄밀한, 정확한, 단정한

строе́ние
[스뜨라예니에]

중 건축물, 건물, 구조, 구성, 조직

строи́тель
[스뜨라이쪨]

남 건축가

строи́тельство
[스뜨라이쪨스뜨바]

중 건설, 건축

стро́ить-постро́ить
[스뜨로이찌-빠스뜨로이찌]

불완-완 짓다, 세우다, 건설하다, 건축하다

строй
[스뜨로이]

남 제도, 구조, 구성, 체계

стро́йка
[스뜨로이까]

여 건설, 건축

структу́ра
[스뜨룩뚜라]

여 구조, 구성, 기구

студе́нт, ~ка
[스뚜젠트, 스뚜젠트까]

남여 (대)학생

студе́нческий
[스뚜젠체스끼이]
[스뚜젠체스끼이 빌롓]

형 (대)학생의
~ биле́т 학생증

стук
[스뚝]

남 두드리는 소리, 똑똑, 쿵쿵

стул
[스뚤]

남 ①의자, 걸상 ②대변

ступе́нь
[스뚜뼨]

남 단계

стуча́ть
[스뚜차찌]
[스뚜차찌 브 드베리]

불완 두드리다
~ в дверь 문을 두드리다

стыд
[스띠트]

남 부끄러움, 수치, 창피

стыди́ть
[스띄지찌]

불완 창피를 주다, 수치를 느끼게하다, 비난하다

сты́дно
[스띄드너]

술어 부끄럽다

суббо́та
[수보따]

여 토요일

субси́дия
[숩시지야]

여 보조금

субти́тр
[숩찌뜨르]

남 자막

субъе́кт
[수비엑트]

남 주체, 주관

субъекти́вный
[수비엑찌브느이]

형 주관적인, 주관의

сувени́р
[수비니르]

남 기념품

суверените́т
[수베레니쩻]

남 주권, 자주권

суд
[수트]

남 재판, 재판소, 법정

суди́ть
[수지찌]

불완 재판하다, 판단하다, 단정하다

су́дно
[수드너]

중 선박, 배

судостро́ение
[수더스뜨러예니에]

중 조선, 선박건조

судьба́
[수지바]

여 운명, 숙명

судья́
[수지야]

여 판사, 〈체육〉 심판

сýка
[수까]

여 암캐

сýмка
[숨까]

여 가방, 손가방, 주머니

сýмма
[숨마]

여 총액, 총계

суп
[숲]

남 국, 수프

супрýг
[수쁘루크]

남 남편 복 부부

супрýга
[수쁘루가]

여 부인, 처

сустáв
[수스따프]

남 뼈마디, 관절

сýтки
[수뜨끼]

복 하루, 24시간

суть
[수찌]

여 본질, 요점

сухóй
[수호이]

형 마른, 건조한, 여윈, 파리한, 냉담한

сýша
[수샤]

여 육지

сушённый
[수숀느이]
[수숀냐 릐바]

형 말린, 건조시킨
~ая рыба 건어, 말린 물고기

существó
[수쉐스뜨버]

중 존재, 인간, 본질

существовáние
[수쉐스뜨바바니에]

중 존재, 생존

существовáть
[수쉐스뜨바바찌]

불완 있다, 생존하다, 살아가다

сфе́ра
[스페라]

여 영역, 범위

сформирова́ть
[스파르미라바찌]

→ формирова́ть

схе́ма
[스헤마]

여 도표, 도형, 도식

сходи́ть-сойти́
[스하지찌-사이찌]
[스하지찌 스 뽀에즈다]

불완 내리다, 내려가다
~ с по́езда 기차에서 내리다

схо́дный
[스호드느이]

형 유사한, 비슷한, (가격 등이) 적당한

схо́дство
[스호쯔스뜨버]

중 유사성, 비슷한 것, 일치

сце́на
[스쩨나]

여 무대, 장면, 광경

сцена́рий
[스쩨나리이]

남 시나리오, 연출대본

счастли́вый
[샤슬리브이]

형 행복한, 운이 좋은, 성공적인

сча́стье
[샤스찌에]

중 행복, 행운, 성공

счёт
[숏]

남 셈, 계산, 계산서

счётчик
[숏칙]

남 계산원, 통계원

счита́ть
[쉬따찌]

불완 세다, 계산하다

съезд
[스예스트]

남 대회

съезжа́ть-съе́хать
[스예좌찌-스예하찌]

불완 (타고) 내려가다(오다), 떠나다, 옮기다, 이사하다

съёмка
[스욤까]

여 촬영, 측량

сыр
[싀르]

남 치즈

сырóй
[싀로이]

형 축축한, 습기있는

сырьё
[싀리요]

중 원료

сэконóмить
[스에까노미찌]

→ эконóмить

сюдá
[슈다]

부 여기로, 이리로

сюжéт
[슈젯]

남 줄거리

сюрпрúз
[슈르쁘리스]

남 뜻밖의 일, 생각하지도 않던 일, 뜻밖의 선물, 서프라이즈

Т

т.е. (то́ есть)
[또 예스찌]
접 즉, 다시말하면

таба́к
[따박]
남 담배

табле́тка
[따블레뜨까]
여 알약

табли́ца
[따블리짜]
여 표, 일람표

Таджи́кистан
[땃쥐끼스딴]
남 타지키스탄

та́йна
[따이나]
여 비밀, 기밀

тайфу́н
[따이푼]
남 태풍

так
[딱]
부 그렇게, 이렇게, 이와 같이, 그만큼, …할 정도로

тако́й
[따꼬이]
대 그러한, 이러한, 그토록

такси́
[딱시]
중 택시

такси́ст
[딱시스트]
남 택시기사

тала́нт
[딸란트]
남 재능, 능력

тало́н
[딸론]
남 표, 전표

там
[땀]
부 거기에, 저기에, 그곳에, 후에, 다음에

тамо́жня
[따모쥐냐]
여 세관

та́нец
[따네쯔]

남 춤, 무용

танцева́ть
[딴쩨바찌]

불완 춤추다

та́почки
[따빠츠끼]

복 단화, 운동화, 슬리퍼

таре́лка
[따렐까]

여 접시

тари́ф
[따리프]

남 세율, 요금

та́ять-раста́ять
[따야찌-라스따야찌]

불완-완 (눈, 얼음이) 녹다, 점차 사라지다, 줄어들다

твёрдый
[뜨뵤르드이]

형 굳은, 단단한, 견고한, 확고한, 부동의

твой
[뜨보이]
[뜨바야, 뜨바요, 뜨바이]

대 (여 твоя́, 중 твоё, 복 твои́)
너의, 당신의, 그대의

тво́рчество
[뜨보르체스뜨버]

중 창조, 창작, 창작활동, 작품

теа́тр
[찌아뜨르]

남 극장

текст
[쩩스뜨]

남 텍스트, 본문, 원문

тексти́ль
[쩩스찔]

남 직물, 천

теку́щий
[쩨꾸쉬이]
[쩨꾸쉬이 고트; 쩨꾸쉬에 자다치]

형 현재의, 당면한
~ий год 올해;
~ие зада́чи 당면한 과제

телеви́дение
[쪨레비제니에]

중 텔레비전 방송

телеви́зор
[쪨레비조르]

남 텔레비전

теле́жка
[쪨레쉬까]

여 손수레

телезри́тель
[쪨레즈리쪨]

남 (텔레비전) 시청자

телесериа́л
[쪨레시리알]

남 TV 드라마

телефо́н
[쪨레폰]

남 전화, 전화기

те́ло
[쪨러]

중 몸, 신체, 물체

тёмный
[쬼느이]

형 어두운, 캄캄한, 검은, 음울한

темп
[뗌프]

남 속도

температу́ра
[쪰뻬라뚜라]

여 기온, 온도

те́ннис
[테니스]

남 테니스

тень
[쪤]

남 그늘, 그림자

тео́рия
[쪠오리야]

여 이론, 학설

тепе́рь
[찌뻬리]

부 지금, 현재, 이제부터

тепло́
[찌쁠로]

부 따뜻하게 술어 따뜻하다

теплово́й
[찌쁠라보이]
[찌쁠라바야 일롁뜨라스딴찌야]

형 열의
~а́я электроста́нция
화력발전소

T

тёплый
[쬬쁠르이]
형 따뜻한, 따끈따끈한

те́рмин
[쩨르민]
남 전문용어, 학술용어

терпе́ть-вы́терпеть
[쩨르뻬찌-븨쩨르뻬찌]
불완–완 참다, 견디다, 당하다
~ уще́рб 손해를 입다, 피해를 보다

терро́р
[떼로르]
남 테러

террори́ст
[떼라리스뜨]
남 테러리스트

теря́ть-потеря́ть
[쩨랴찌–빠쩨랴찌]
[쩨랴찌 브레먀]
불완–완 잃다, 상실하다, 줄다, 허비하다
~ вре́мя 시간을 허비하다

те́сный
[쩨스느이]
형 좁은, 비좁은, 협소한, 밀집한

тест
[떼스트]
남 시험, 검사, 검정

тесть
[쩨스찌]
남 장인

тетра́дь
[찌뜨라찌]
여 노트, 수첩

тётя
[쬬쨔]
여 고모, 이모, 아주머니

те́хника
[쩨흐니까]
여 기술

техни́ческий
[쩨흐니체스끼이]
[쩨흐니체스꺼에 아브라자바니에]
형 기술의, 기술적인
~ое образова́ние 기술교육

техноло́гия
[쩨흐날로기야]
여 공학, 기술

течéние
[쩨체니에]
[마르스꼬예 쩨체니에]

중 (물, 세월의) 흐름, (시간, 사건, 병 등의) 경과 морскóе ~ 해류

течь
[쩨치]

불완 흐르다, 새다

тигр
[찌그르]

남 호랑이

тип
[찝]

남 형, 유형, 식, 양식

типи́чный
[찌삐츠느이]

형 전형적인, 틀림없는, 흔히 볼 수 있는

тирé
[찌레]

중 횡성, 대시(-)

ти́хий
[찌히이]

형 고요한, 조용한, 온순한, 얌전한

тишинá
[찌쉬나]

여 고요함, 정숙, 정막, 정적

ткань
[뜨깐]

여 천, 직물

то
[또 예스찌]

접 그때는, 그러면

товáр
[따바르]

남 상품, 물품

товáрищ
[따바리쉬]

남 친구, 동무, 동지

тогдá
[따그다]

부 ①그때에, 당시
②그러면, 그런 경우에는

тóже
[또줴]

부 역시, …도

ток
[똑]

남 전류
~ высóкого напряжéния
고압전류

толкова́ние [딸까바니에]	중	풀이, 해석, 해설
толко́вый [딸꼬브이]	형	이해력이 빠른, 알기 쉬운 ~ый слова́рь 해석사전
толпа́ [딸빠]	여	군중, 대중
то́лстый [똘스뜨이]	형	굵은, 두꺼운, 두터운, 살찐, 뚱뚱한
то́лько [똘까]	조	다만, 오직 не ~, но и ... ...뿐만 아니라 ...도
том [똠]	남	권, 분책
тон [똔]	남	음, 음향, 음색, 어조
то́нкий [똔끼이]	형	가는, 얇은, 섬세한, 예민한, 민감한
то́нна [또나]	여	톤(1,000킬로그램)
то́пливо [또쁠리바]	중	연료 жи́дкое(твёрое) ~ 액체(고체)연료
топо́р [따뽀르]	남	도끼
торгова́ть [따르가바찌]	불완	чем 장사하다, 판매하다, 매매하다
торго́вля [따르고블랴] [브네쉬냐야 따르고블랴]	여	상업, 장사, 무역 вне́шняя ~ 대외무역
торжество́ [따르줴스뜨버]	중	승리, 개선, (승리의) 기쁨, 환희
то́рмоз [또르마스]	남	제동장치, 브레이크

тост
[또스트]
남 축배, 축배를 들다

тот
[또트]
대 (여 та, 중 то, 복 те) 그, 저

то́тчас
[똣차스]
부 곧, 즉시, 금방, 당장

то́чка
[또츠까]
여 점, 지점, 구두점(.)

то́чный
[또츠느이]
[또츠느이 뻬레보트]
형 정확한, 정밀한, 깐깐한
~ый перево́д 정확한 번역

тошнота́
[따쉬나따]
여 메스꺼움, 구역질

трава́
[뜨라바]
[리까르스뜨벤나야 뜨라바]
여 풀
ле́карственная ~ 약초

тра́вма
[뜨라브마]
여 〈의학〉 외상, 손상, 트라우마

траге́дия
[뜨라게디야]
여 비극

тради́ция
[뜨라지찌야]
여 전통

транзи́т
[뜨란지트]
남 (제3국을 경유하는) 통과, 운송

тра́нспорт
[뜨라스뽀르트]
[질리즈너다로쥐느이
(보드느이, 바즈두쉬느이)
뜨란스뽀르트]
남 운수, 수송(수단), 수송차
железнодоро́жный
(во́дный, возду́шный) ~
철도(수상,항공)운수"

тре́бование
[뜨례버바니에]
중 요구, 청구 [복] 수요
по ~ю 요구에 따라

трево́га
[뜨례보가]
여 불안, 소동, 경보

тре́нер
[트레이네르]
남 트레이너

трениро́вка
[뜨레니로프까]
여 연습, 훈련, 단련

тре́тий
[뜨레찌이]
형 세번째의, 셋째의, 제3의

треть
[뜨레찌]
여 3분의 1

три
[뜨리]
수 3

трибу́на
[뜨리부나]
여 연단, 관람석

три́дцать
[뜨릿짜찌]
수 30

трина́дцать
[뜨리낫짜찌]
수 13

три́ста
[뜨리스따]
수 300

триу́мф
[뜨리움프]
남 개선, 대승리

труба́
[뜨루바]
[바다쁘라보드나야 뜨루바]
여 관, 통, 파이프
водопрово́дная ~ 수도관

труд
[뜨루트]
남 노동, 근로, 일, 직업

труди́ться
[뜨루짓짜]
불완 일하다, 근무하다,
над чем 노력하다

труп
[뜨룹]
남 주검, 시체, 송장

тря́пка
[뜨랍까]
여 헝겊, 걸레

туалéт
[뚜알롓]

남 화장실

тудá
[뚜다]

부 거기로, 저기로

тумáн
[뚜만]

남 안개, 애매모호한 것

тунéц
[뚜녜쯔]

남 참치

тупóй
[뚜뽀이]

형 무딘, 뭉툭한, 둔한

тури́зм
[뚜리즘]

남 여행, 관광

тури́ст, ~ка
[뚜리스뜨, 뚜리스뜨까]

남 여행객, 관광객

Туркменистáн
[뚜르끄메니스딴]

남 투르크메니스탄

турни́р
[뚜르니르]

남 시합, 경기, 경쟁

тут
[뚜트]

부 여기에, 여기서, 이때, 그때, 이런 경우에

тýфли
[뚜플리]

복 구두, 단화

тýча
[뚜차]

여 ①먹구름, 비구름 ②다수, 무리

тщáтельный
[뜨샤쩰느이]

형 면밀한, 꼼꼼한

ты
[띄]

대 (생 대 тебя́, 여 тебé, тобóй 또는 조 тобóю, 전 тебé) 너, 자네, 그대, 당신

ты́ква
[띄끄바]

여 호박

ты́сяча
[띄샤치]

수 1000

тюрьма́
[쮸리마]

여 감옥

тяжёлый
[찌쥴르이]

형 무거운, 어려운, 힘든

тя́жесть
[짜쮀스찌]
[씰라 짜쮀스찌]

여 무게, 중량
си́ла ~и 인력, 중력

тяну́ть
[쨔누찌]

불완 끌다, 잡아당기다, 늘이다, 늘어놓다

У

у
[우]
전 곁에, 가까이에, (대상을 표시) …에게

убива́ть-уби́ть
[우비바찌-우비찌]
불완-완 죽이다, 살해하다

уби́йство
[우비이스뜨버]
중 살인, 살해

уби́йца
[우비이짜]
남·여 살인자, 살해자

убо́рка
[우보르까]
여 청소, 정돈

убыва́ть-убы́ть
[우븨바찌-우븨찌]
불완-완 줄다, 작아지다

убы́ток
[우븨떡]
[쩨르뻬찌(녜스찌) 우븨뜨끼]
남 손실, 손해
терпе́ть(нести́) ~ки 손해를 보다

уваже́ние
[우바줴니에]
[볼저받짜 우바줴니엠]
중 존경, 존중
по́льзоваться ~м 존경을 받다

увеличе́ние
[우벨리체니에]
중 증가, 확대, 증가량

уве́ренный
[우볘렌늬이]
형 자신있는

уви́деть
[우비졔찌]
→ви́деть

увлека́ться-увле́чься
[우블레깟짜-우블레칫짜]
불완-완 кем-чем 열중하다, 몰두하다

увлече́ние
[우블레체니에]
중 열중, 몰두

увольне́ние
[우발녜니에]
중 해고, 해임, 퇴직

углеро́д
[우글레로트]

남 탄소

углубля́ть-углеби́ть
[우글루블랴찌-우글레비찌]

불완-완 깊게하다, 심화시키다, 넓히다

уго́дно
[우고드너]

술어 필요하다

у́гол
[우골]

남 각, 각도, 구석

уголо́вный
[우갈로브느이]

형 형사의, 형법의

у́голь
[우골]

남 석탄

угоще́ние
[우가쉐니에]

중 대접, 환대

угро́за
[우그로자]

여 위협, 협박

удаля́ть-удали́ть
[우달랴찌-우달리찌] [우달랴찌 주쁘]

불완-완 멀리하다, 추방하다, 제거하다,
없애다 ~ зуб 이를 뽑다

уда́р
[우다르]

남 타격, 공격, 습격

ударе́ние
[우다레니에]

중 악센트, 역점

уда́ча
[우다차]

여 성공, 행운

удержа́ние
[우제르좌니에]

중 보전, 유지, 공제

удиви́тельный
[우지비쩰느이]

형 놀라운, 이상한, 아주 훌륭한

удивле́ние
[우지블레니에]

중 놀라움, 경탄

удивляться-удивиться
[우지블럇짜-우지빗짜]

불완-완 чему 놀라다, 깜짝 놀라다, 경탄하다

удлинять-удлинить
[우들리냐찌-우들리니찌]

불완-완 길게하다, 연장하다, 늘이다

удобный
[우돕느이]

형 편리한, 편안한

удобство
[우돕스뜨버]

중 편리, 편의

удовлетворение
[우다블례뜨바례니에]

중 충족시키는 것, 만족, 만족감

удовольствие
[우다볼스뜨비에]

중 즐거움, 기쁨, 만족
с ~м 기꺼이

ужас
[우좌스]

남 무서움, 공포

ужасный
[우좌스느이]

형 무서운, 심한

уже
[우줴]

부 이미, 벌써

ужин
[우쥔]

남 저녁(식사), 만찬

ужинать-поужинать
[우쥐나찌-빠우쥐나찌]

불완-완 저녁식사를 하다

Узбекистан
[우즈베끼스딴]

남 우즈베키스탄

узкий
[우스끼이]

형 좁은, 협소한

узнавать-узнать
[우즈나바찌-우즈나찌]

불완-완 알아보다, 알다

указ
[우까스]
— 남 지령, 명령

указа́ние
[우까자니에]
— 중 교시, 가르침, 지시

указа́тель
[우까자쩰]
— 남 표식, 색인

уко́л
[우꼴]
— 남 주사

Украи́на
[우끄라이나]
— 여 우크라이나

украше́ние
[우끄라쉐니에]
— 중 장식, 꾸밈, 장식품

укрепле́ние
[우끄레쁠레니에]
— 중 강화, 공고화

ули́тка
[울리트까]
— 여 달팽이

у́лица
[울리짜]
— 여 거리

уло́вка
[울로프까]
— 여 속임수, 꾀

улучше́ние
[울루쉐니에]
— 여 중 개선, 개량

улы́бка
[울리쁘까]
— 여 미소, 웃음

ум
[움]
— 남 지혜, 지능, 이성, 두뇌, 상식, 사고력

уме́ние
[우메니에]
— 중 솜씨, 수완, 능력

уменьше́ние
[우멘쉐니에]
— 중 감소, 축소, 감소량

уме́ть
[우몌찌]
[우몌찌 리사바찌]

불완 …할줄 알다
~ рисова́ть 그림그릴줄 알다

умира́ть
[우미라찌]

불완 죽다, 사망하다, 사라지다

умноже́ние
[움나줴니에]

중 곱하기

у́мный
[움느이]

형 영리한, 지혜로운

умыва́ние
[우믜바니에]

중 세수

универма́г
[우니베르마크]

남 백화점

универса́льный
[우니베르샬느이]
[우니베르샬느이 마가진!]
[우니베르샬너예 스레쯔스뜨버]

형 만능의, 보편적인
~ магази́н 백화점
~ое сре́дство 만능약

университе́т
[우니베르시뗴트]

남 종합대학, 대학교

уника́льный
[우니깔느이]

형 희귀한, 독특한

уноси́ть-унести́
[우나시찌-우녜스찌]

불완-완 가지고가다, 몰래 가져가다, 빼앗아가다

уны́лый
[우늴느이]

형 침울한, 우울한

упако́вка
[우빠꼬프까]

여 포장, 짐을 꾸리는 것

упла́та
[우쁠라따]

여 지불, 납부

**уполномо́чивать-
уполномо́чить**
[우빨나모치바찌-우빨나모치찌]

불완-완 전권을 위임하다

упо́рный
[우뽀르느이]

형 꾸준한, 확고한, 완강한

употребле́ние
[우빠뜨레블레니에]
[스뽀서프 우빠뜨레블레니야]

중 사용, 이용
спо́соб ~я 사용법

употребля́ть-употреби́ть
[우빠뜨레블랴찌-우빠뜨레비찌]

불완-완 사용하다, 이용하다, 쓰다

управле́ние
[우쁘라블레니에]

중 운전, 조종, 관리, 지휘

управля́ть-упра́вить
[우쁘라블랴찌-우쁘라비찌]

불완-완 кем-чем 운전하다, 조종하다, 관리하다, 지휘하다

управля́ющий
[우쁘라블랴유쉬이]

남 관리인, 지배인, 주임

упражне́ние
[우쁘라쥐네니에]

중 연습, 훈련, 연습문제, 과제

упроще́ние
[우쁘라쉐니에]

중 간소화, 단순화

упуще́ние
[우뿌쉐니에]

중 잘못, 실수

ура́
[우라]

감 만세

уравне́ние
[우라브네니에]

중 균일화, 평등하게 하는 것

урага́н
[우라간]

남 폭풍, 태풍

урбаниза́ция
[우르바니자찌야]

여 도시화

у́ровень
[우라벤]

남 수준, 수위

урожа́й
[우라좌이]

남 수확, 풍작

уро́к
[우록]
[пе́рвый уро́к]
[уро́ки исто́рии]

남 (수업)시간, 숙제, 과, 교훈
пе́рвый ~ 제1과
~и исто́рии 역사의 교훈

усе́рдие
[우세르지에]

중 열성, 열심

усиле́ние
[우실레니에]

중 강화, 확대

уси́ленный
[우실렌느이]
[우실렌노에 삐따니에]

형 강화된
~ое пита́ние 영양가 높은 식사

уси́ливать-уси́лить
[우실리바찌-우실리찌]
[우실리바찌 삐따니에]

불완-완 강화하다, 강하게 하다, 확대하다
~ пита́ние 식사영양가를 높이다

уси́лие
[우실리에]
[쁘릴라가찌 우실리야]

중 노력
прилага́ть ~я
노력하다, 노력을 기울이다

ускоре́ние
[우스까레니에]

중 촉진

усло́вие
[우슬로비에]

중 조건, 상태

услу́га
[우슬루가]

여 봉사, 서비스

услы́шать
[우슬리샤찌]

→слы́шать

**усоверше́нствова-
ние**
[우사베르쉔스트버바니에]

중 개선, 개령, 완성

успе́х
[우스뻬흐]

남 성공, 성과

успе́шный
[우스뻬쉬느이]

형 성과적인, 좋은 결과의

успока́ивать-успоко́ить
[우스빠까이바찌-우스빠꼬이찌]

불완-완 진정시키다, 안심시키다, 달래다

уста́
[우스따]

복 입, 입술

уста́в
[우스따프]

남 규칙, 규정, 규약, 정관

уста́лый
[우스딸르이]

형 피곤한, 피로한, 지친

устана́вливать-установи́ть
[우스따나블리바찌-우스따나비찌]

불완-완 놓다, 세우다, 배치하다, 설치하다, 정하다, 제정하다

устано́вка
[우스따노프까]

여 설치, 설비, 장치, 시설, 지시, 명령

у́стный
[우스느이]
[우스느이 에그자몐]

형 구두의, 구술의
~ый экза́мен 구술시험

усто́йчивость
[우스또이치버스찌]

여 안정성, 견고성, 불변성

устро́йство
[우스뜨로이스뜨버]
[가수다르스트벤너에 우스뜨로이스뜨버]

중 기구, 구조, 장치, 설비
госуда́рственное ~ 국가기구

усту́пка
[우스뚜까]

여 양보

усы́
[우싀]

복 콧수염

утверди́тельный
[우뜨베르지꼡르느이]

형 긍정적인

утвержде́ние
[우뜨베르줴니에]

중 확립, 승인, 비준

утилиза́ция
[우찔리자찌야]

여 이용, 활용, 재활용

у́тка
[우트까]

여 오리

уточня́ть-уточни́ть
[우따츠냐찌-우짜츠니찌]

불완-완 보다 정확하게 하다, 수정하다

утра́та
[우뜨라따]

여 상실, 손실

у́тро
[우뜨러]

중 아침

у́тром
[우뜨럼]

부 아침에

утю́г
[우쮸크]
[글라지찌 우쮸곰]

남 다리미
гла́дить ~о́м 다림질 하다

у́хо
[우허]

중 귀

ухо́д
[우호트]

남 출발, 떠나는것

уча́ствовать
[우차스뜨버바찌]

불완 в чём 참가하다, 참석하다

уча́стие
[우차스찌에]

중 참가, 참석, 참여

уча́стник, ~ка
[우차스뜨닉, 우차스뜨니짜]

남 여 참가자

уча́сток
[우차스떡]
[이즈비라쩰느이 우차스떡]

남 분구, 지역, 분야, 부문
избира́тельный ~ 선거구

учёба
[우쵸바]

여 공부, 학습

учéбник
[우체브닉]

учéбный
[우체브느이]

учени́к, ~ца
[우체닉, 우체니짜]

учёный
[우쮸느이]

учёт
[우쵸트]
[수춈똄 압스따야쪨스뜨프]

учи́лище
[우칠리쉐]

учи́тель
[우치쩰]

учи́тывать-учéсть
[우치띄바찌-우체스찌]

учи́ть
[우치찌]

учреждéние
[우츠레줴니에]

у́ши
[우쉬]

ущéрб
[우쉐르프]

남 교과서

형 학습의, 교육의

남 여 학생, 제자

형 학술의, 박식한 [남] 학자

남 계산, 실사, 고려하는것
с ~ом обстоя́тельств
사정을 고려하여"

중 (초등 및 중등) 전문학교

남 선생, 스승

불완-완 계산하다, 고려하다

불완 배워주다, 가르치다, 익히다, 습득하다

중 창립, 창설, 제정, 기관, 공공시설

복 → у́хо

남 손실, 손해

Ф

фа́брика
[파브리까]

여 공장

фа́за
[파자]

여 단계, 〈물리,화학〉 상, 모습, 상태

файл
[파일]

남 파일(전산)

факс
[팍스]

남 팩스

факт
[팍트]
[이스따리체스끼이 팍트]

남 사실
истори́ческий ~ 역사적 사실

фа́ктор
[팍떠르]

남 요인, 요소

факульте́т
[파꿀쩻]

남 학부

фами́лия
[파밀리야]
[이먀 이 파밀리야]

여 성
и́мя и ~ 성명

фанта́зия
[판따지야]

여 환상, 공상, 몽상

фармаце́вт
[파르마쩨프뜨]

남 약사

фа́ртук
[파르뚝]

남 앞치마

фасо́ль
[파쏠]

여 강낭콩

февра́ль
[페브랄]

남 2월

федера́ция
[페제라찌야]

여 연방, 연합, 연맹

фе́рма
[페르마]

여 농장, 목장

фермéнт
[페르멘트]

남 효소

фестивáль
[페스찌발]

남 축제, 페스티벌

фигýра
[피구라]

여 몸매, 체격

фигурúст, ~ка
[피구리스트, 피구리스뜨까]

남 여 피겨선수

фúзик
[피직]

남 물리학자

фúзика
[피지까]

여 물리학

физúческий
[피지체스끼이]
[피지체스끼이 파꿀쪳]

형 물리의
~ий факультéт 물리학부

физкультýра
[피스꿀뚜라]
[자니맛짜 피스꿀뚜러이]

여 운동, 체육
занимáться ~ой 운동하다

фиксúрованный
[픽시로반느의]

형 고정된

филиáл
[필리알]

남 지부, 분원

филолóгия
[필랄로기야]

여 어문학

филосóфия
[필라소피야]

여 철학

фильм
[필름]

남 영화

фильтр
[필뜨르]

남 필터, 여과기

финáл
[피날]

남 결승전, 결승경기, 끝, 결말

финанси́рование
[피난시러바니에]
중 자금공급, 융자

фина́нсовый
[피난서브이]
[피난서브아야 빨리찌까]
형 재정의, 금융의
~ая поли́тика 재정정책

фина́нсы
[피난식]
복 재정, 금융

фи́рма
[피르마]
여 회사

флаг
[플라크]
남 기, 깃발

фле́йта
[플레이따]
여 피리, 플루트

фле́шка
[플레쉬까]
여 USB

флот
[플로트]
[바옌너-마르스꼬이 플로트]
[찌허아께안스끼이 플로트]
남 함대, 해군
вое́нно-морско́й ~ 해군
тихоокеа́нский ~ 태평양함대

фо́кус
[포쿠스]
남 초점

фон
[폰]
남 배경, 바탕

фона́рь
[파나리]
[울리치나야 파나리]
남 등, 등불
у́личный ~ 가로등

фонд
[폰트]
남 기금, 펀드, 자금, 준비금

фо́рма
[포르마]
여 형식, 양식

форма́льный
[파르말느이]
형 공식적인, 형식상의, 형식적인

формáт
[파르마트]

[남] 크기, 규격

формировáть-
сформировáть
[파르미라바찌-스파르미라바찌]

[불완-완] 형성하다, 편성하다, 조직하다

фортепиáно
[파르테삐아너]

[중] 피아노

фотоаппарáт
[파따아빠라트]

[남] 사진기, 카메라

фотогрáфия
[파따그라피야]
[시메인나야 파따그라피야]

[여] 사진
семéйная ~ 가족사진

фрáза
[프라자]

[여] 구, 문구

Фрáнция
[프란찌야]

[여] 프랑스

фрукт
[프룩트]

[남] 과일

фундáмент
[푼다멘트]

[남] 토대, 기초

фýнкция
[푼끼야]

[여] 기능, 작용, 임무, 직무

футбóл
[풋볼]

[남] 축구

футболи́ст
[풋발리스트]

[남] 축구선수

Х

хара́ктер
[하락쩨르]

남 성격, 성질, 본성, 특성

характери́стика
[하락쩨리스찌까]

여 특징묘사, 성격묘사, 특성, 성능, 특징

хвали́ть-похвали́ть
[흐발리찌-빠흐발리찌]

불완-완 칭찬하다, 찬양하다

хвата́ть-хвати́ть
[흐바따찌-흐바찌찌]

불완-완 잡다, 붙잡다, 체포하다
무인칭 충분하다, 넉넉하다

хи́мик
[히미크]

남 화학자

хи́мия
[히미야]

여 화학

хи́трый
[히뜨리이]

형 꾀를 부리는, 교활한, 간교한

хлеб
[흘레쁘]

남 빵

хло́пать-похло́пать
[흘로빠찌-빠흘러빠찌]

불완-완 소리나게 두드리다, 치다

ход
[호트]

남 움직임, 걸음, 운행, 속도

хода́тайство
[하다따이스뜨버]

중 알선, 주선, 청원(서)

ходи́ть-идти́
[하지찌-잇찌]

불완-완 걷다, 다니다, 갔다오다

хозя́ин
[하쟈인]

남 주인

хозя́йка
[하쟈이까]

여 여자주인

хозя́йство
[하쟈이스뜨버]
[가수다르스뜨벤너에 하쟈이스뜨버]
[셀스꺼에 하쟈이스뜨버]
[다마쉬네에 하쟈이스뜨버]

중 경제, 살림, 농장
госуда́рственное ~ 국가경제
се́льское ~ 농업
дома́шнее ~ 집안살림

холе́ра
[할레라]

여 콜레라

хо́лод
[홀러트]

남 추위

холо́дный
[할로드느이]

형 추운, 찬, 냉정한, 쌀쌀한

хор
[호르]

남 합창, 합창단

хоро́ший
[하로쉬이]
[하로샤야 빠고다]

형 좋은, 훌륭한
~ая пого́да 좋은 날씨

хоте́ть-захоте́ть
[하쩨찌~자하쩨찌]

불완-완 원하다, 바라다, …을 하고 싶어하다

хотя́
[하쨔]

접 비록 …지만

хране́ние
[흐라녜니에]

중 보관, 저장

хризанте́ма
[흐리잔쩨마]

여 국화

христиа́нин, ~ка, ~е
[흐리스찌아닌, 흐리스찌안까, 흐리스지아녜]

남 여 복 기독교인

христиа́нство
[흐리스찌안스뜨버]

중 기독교

хро́ника
[흐로니까]

여 연대기, (신문의) 소식란

худо́жественный
[후도줴스뜨벤느이]
[후도줴스뜨벤나야 비스따프까]
[우도줴스뜨벤나야 리쩨라뚜라]

형 예술의, 미술의, 예술적인
~ая вы́ставка 미술전
~ая литерату́ра 문학

худо́жник, ~ца
[후도쥐닉, 후도쥐니짜]

남 여 화가

худо́й
[후도이]

형 마른, 살빠진

ху́дший
[후드쉬이]

형 열악한

хурма́
[후르마]

여 감, 감나무

Ц

царь
[짜리]
남 황제

цвет
[쯔벳]
남 색, 색깔

цвете́ние
[쯔베쩨니에]
중 개화, 꽃 피는 것

цветно́й
[쯔베뜨노이]
형 색의, 색깔이 있는

цвето́к
[쯔베똑]
남 꽃

цвето́чный
[쯔베또치느이]
형 꽃의

целесообра́зный
[쩰레사아브라즈느이]
형 합리적인, 타당한

целико́м
[쩰리꼼]
부 전부, 통째로

це́лое
[쩰러에]
중 전체

це́лый
[쩰르이]
형 전부의, 완전한

цель
[쩰]
여 목적, 목표

цеме́нт
[찌멘트]
남 시멘트

цена́
[쩨나]
여 가격, 값

цени́ть
[쩨니찌]
불완 평가하다, 값을 정하다

це́нность
[쩬너스찌]
여 가격, 가치

це́нный
[쩬느이]

형 가치있는, 귀중한, 중요한

це́нтр
[쩬뜨르]

남 중앙, 중심지, 센터

центра́льный
[쩬뜨랄'느이]

형 중앙의, 중심의

цепо́чка
[찌뽀츠까]

여 (가늘고 작은) 쇠사슬

цепь
[쩹]

여 쇠사슬

церемо́ния
[쩨레모니야]

여 식, 의식

це́рковь
[쩨르꼬피]

여 교회, 예배당

цивилиза́ция
[찌빌리자찌야]

여 문명

цика́да
[찌까다]

여 매미

цикл
[찌끌]

남 순환기, 주기, 순환, 과정

цирк
[찌르크]

남 서커스

циркуля́ция
[찌르꿀랴찌야]
[찌르꿀랴찌야 끄로피]

여 순환
~ кро́ви 혈액순환

цита́та
[찌따따]
[쁘라바지찌 찌따띄]

여 인용문, 인용구
проводи́ть ~ы 인용하다

ци́фра
[찌프라]

여 숫자, 수

Ц

цыга́н, ~ка, ~е
[쯰간, 쯰간까, 쯰가녜]

남 여 복 집시

цыплёнок
[쯰블료녹]

남 병아리

Ч

чай
[차이]

남 차
зелёный ~ 녹차

ча́йка
[차이까]

여 갈매기

час
[차스]
[де́вять часо́в утра́] [제비찌 치소프 우뜨라]

남 시, 시간
9 ~о́в утра́ 오전9시

части́ца
[치스찌짜]

여 작은 부분

ча́стный
[차스느이]

형 개인적인, 사적인

ча́сто
[차스떠]

부 자주, 종종, 빈번히

ча́стый
[차스뜨이]

형 빈번한, 잦은

часть
[차스찌]

여 부분, 일부, 몫

часы́
[치스]
[ручны́е часы́] [루츠니에 치스]
[стенны́е часы́] [스뗸느에 치스]

복 시계
ручны́е ~ 손목시계
стенны́е ~ 벽시계

ча́шка
[차쉬까]

여 사발, 공기, 접시

чей
[체이]
[치야], [치요], [치이]

대 (여 чья, 중 чьё, 복 чьи) 누구의

чек
[첵]

남 수표, 전표

челове́к
[칠라볘끄]

남 사람, 인간

челове́чество
[칠라볘체스뜨버]

중 인류

Ч

273

че́люсть
[첼류츠찌]
여 턱

чемода́н
[치마단]
남 트렁크, 여행용 가방

чемпио́н, ~ка
[쳼삐온, 침삐온까]
남 여 챔피언, 선수권보유자

чемпиона́т
[쳼삐아나트]
남 선수권대회

чередова́ние
[체레다바니에]
중 바꿈, 교체

че́рез
[체레스]
전 넘어서, 건너서, 지나서, 후에

черепа́ха
[체레빠하]
여 거북이

черни́ла
[체르닐라]
복 잉크

чёрный
[쵸르늬이]
형 검은색의

чёрт
[쵸르뜨]
남 귀신, 도깨비, 악마

черта́
[체르따]
여 선, 경계, 한계, 특성, 특징

чертёж
[체르쬬쉬]
남 도면, 도안

чеса́ть-почеса́ть
[체사찌-빠체사찌]
[체사찌 스뻬누]
[체사찌 볼로싀]
불완-완 긁다, 빗다
 ~ спи́ну 등을 긁다
 ~ во́лосы 머리를 빗다

чесно́к
[치스녹]
남 마늘

че́стный
[체스느이]
형 정직한, 성실한, 순결한

честь
[체스찌]
〔여〕 명예, 영예, 경의, 존경

четве́рг
[치뜨베르크]
〔남〕 목요일

че́тверть
[체뜨베르찌]
〔여〕 4분의 1

чёткий
[춋뜨끼이]
〔형〕 명확한, 정확한

четы́ре
[치띄리]
〔수〕 4

четы́реста
[치띄리스따]
〔수〕 400

четы́рнадцать
[치띄낫짜찌]
〔수〕 14

чини́ть-почини́ть
[치니찌-빠치니찌]
〔불완-완〕 수리하다, 수선하다

чи́сленность
[치슬렌느스찌]
〔여〕 수, 인원수, 수량

число́
[치슬로]
〔중〕 수, 수량, 날, 날짜

чи́стка
[치스뜨까]
〔여〕 청소

чи́стый
[치스뜨이]
〔형〕 깨끗한, 정결한, 순결한, 결백한

чита́тель
[치따쩰]
〔남〕 독자

чита́ть-прочита́ть
[치따찌-쁘라치따찌]
[치따찌 렉찌이]
〔불완-완〕 읽다, 낭독하다, 강의하다
　~ ле́кции 강의를 하다

член
[츨렌]
〔남〕 회원, 일원

чрезвыча́йный
[츠레즈븨차이느이]

형 비상한, 예외적인, 긴급한, 특별한

чте́ние
[츠쩨니에]

중 읽기, 낭독

что
[쉬또]

대 무엇, 왜

чу́вственность
[춥스뜨벤너스찌]

여 감각, 감성

чу́вство
[춥스뜨버]

중 감각, 마음, 느낌, 정, 감정

чу́до
[추다]

중 기적

чудо́вище
[추다비쉐]

중 괴물

чу́дом
[추덤]

부 기적적으로

чужо́й
[추조이]

형 남의, 타인의

чу́ткий
[추뜨끼이]

형 민감한, 예민한

чуть
[춧찌]

부 아주 조금, 겨우

Ш

шаг
[샤크]
    남 한걸음, 발걸음, 행동

шампа́нское
[삼빤스꼬에]
    중 샴페인

шампу́нь
[삼뿐]
    남 샴푸

шанс
[샨스]
    남 기회

ша́пка
[샵까]
    여 모자

шар
[샤르]
    남 공, 구

ша́рик
[샤릭]
    남 고무풍선

шарф
[샤르프]
    남 목도리, 스카프

шатёр
[샤쬬르]
    남 큰 천막

ша́хматы
[샤흐마띄]
    복 체스

ша́хта
[샤흐따]
    여 탄광

шахтёр
[샤흐쬬르]
    남 광부

шёлк
[숄까]
    남 실크

шестна́дцать
[쉐스낫짜찌]
    수 16

шесть
[쉐스찌]
    수 6

шестьдеся́т
[쉐스찌샷]

수 60

шестьсо́т
[쉐스찌솟]

수 600

шеф
[쉐프]

남 요리사, 주방장

ше́я
[쉐야]

여 목적, 목표

ширина́
[쉬리나]

여 너비, 폭

широ́кий
[쉬로끼이]

형 폭이 넓은, 헐렁헐렁한, 넓은, 광범위한

широта́
[쉬라따]
[유즈나야(쎄베르나야) 쉬라따]

여 위도
ю́жная(се́верная) ~ 남(북)위

шить-сшить
[쉬찌-스쉬찌]

불완-완 바느질하다, 꿰매다, 깁다

шифр
[쉬프르]

남 암호

шкаф
[쉬까프]
[끄니쥐느이 쉬까프]

남 장
кни́жный ~ 책장

шко́ла
[쉬꼴라]

여 (초중고등)학교

шко́льник, ~ца
[쉬꼴닉, 쉬꼴니짜]

남 여 (초중고등)학생

шля́па
[쉴랴빠]

여 모자, 중절모

шок
[숔]

남 충격, 쇼크

шокола́д
[셔껄라트]

남 초콜릿

шофёр
[샤표로]

남 운전수

шпинáт
[쉬삐나트]

남 시금치

шпиóн
[쉬삐온]

남 간첩, 스파이

шрифт
[쉬르프뜨]

남 활자

штаб
[쉬따프]
[게네랄느이 쉬따프]

남 참모부, 본부
генерáльный ~ 총참모부

штамп
[쉬땀프]

남 스탬프

штат
[쉬따뜨]

남 (행정단위) 주

штраф
[쉬뜨라프]

남 벌금

штýка
[쉬뚜까]

여 한 개(한마리, 한알, 한자루 등)

шум
[슘]

남 소음, 잡음

шумéть-прошумéть
[슈몌찌–쁘라슈몌찌]

불완–완 소음을 일으키다, 떠들썩거리다

шýмный
[슘느이]

형 요란한, 소란한, 떠들썩한

шутúть-пошутúть
[슈찌찌–빠슈찌찌]

불완–완 농담하다, 장난치다

шýтка
[슈트까]

여 농담, 장난

Щ

щéдрость
[쉐드로스찌]

명 후함, 대범함

щéдрый
[쉐드르이]

형 너그러운, 후한, 아낌없는

щекá
[세까]

여 뺨, 볼

щенóк
[쉬녹]

남 (개, 늑대, 여우 등의) 새끼, 강아지

щётка
[숏까]
[주브나야 숏까]

여 솔
зубнáя ~ 칫솔

щи
[쉬]

명 양배추 스프

щит
[쉿]

남 방패, 게시판

щýриться
[쉬릿쨔]

동 눈을 가늘게 뜨다

Э

эволю́ция
[에발류찌야]

여 진화, 발전

эгои́ст
[에가이스트]

남 이기주의자

экза́мен
[에그자멘]
[브스뚜삐쪨느이에 에그자멘늬]
[삐시멘느이(우스느이) 에그자멘]

남 시험
вступи́тельные ~ы 입학시험
пи́сьменный(у́стный) ~ 필기(구술)시험

экзаменацио́нный
[에그자멘나찌온느이]
[에그멘나찌온나야 세시야]

형 시험의
~ая се́ссия 시험기간"

экземпля́р
[에그젬쁠랴르]
[다가보르 브 드부흐 에그젬쁠랴라흐]

남 책, 부, 통
догово́р в двух ~ах
2통씩 작성된 조약문"

экипа́ж
[에끼빠쉬]

남 승무원

эколо́гия
[에깔로기야]

여 생태학, 환경

эконо́мика
[에까노미까]

여 경제

экономи́ст
[에까노미스뜨]

남 경제학자

**эконо́мить-
сэконо́мить**
[에까노미찌-세까노미찌]
[에까노미찌 브레먀]

불완-완 절약하다, 아끼다, 아껴쓰다
~ вре́мя 시간을 아끼다

экономи́ческий
[에까노미체스끼이]
[에까노미체스까야 빨리찌까]
[에까노미체스까야 뽀모쉬]

형 경제의, 경제적인
~ая поли́тика 경제정책
~ая по́мощь 경제적 원조

эконо́мия
[에까노미야]

여 절약

экра́н
[에끄란]
남 스크린, 화면, 영화

экскурсио́нный
[엑스꾸르시온느이]
[엑스꾸르시온느이 빠라호트]
형 견학의, 답사의, 관광의
~ый парохо́д 유람선

экску́рсия
[엑스꾸르시야]
여 참관, 견학, 답사, 관광, 견학단, 답사단

экспериме́нт
[엑스뻬리멘뜨]
남 시험, 실험

эксперти́за
[엑스뻬르찌자]
여 감정, 심사

эксплуата́ция
[엑스쁠루아따찌야]
여 착취, 채취, 개발, 경영, 운영

э́кспрт
[엑스뽀르트]
남 수출

экспортёр
[엑스빠르쬬르]
남 수출업자

элега́нтный
[엘레간뜨노이]
형 우아한, 맵시있는

электри́ческий
[엘렉뜨리체스끼이]
[엘렉뜨리체스끼이 똑]
형 전기의, 전력의
~ий ток 전류

электри́чество
[엘렉뜨리체스뜨버]
중 전기

электропро́вод
[엘렉뜨라쁘라보트]
남 전선

электроэне́рния
[엘렉뜨라에네르기야]
여 전력

элеме́нт
[엘레멘트]
남 요소, (구성) 성분
복 기초, 기본, 원리

эмигра́ция
[에미그라찌야]
여 망명, 해외이주

эми́ссия
[에미씨야] — 여 발행

эмо́ция
[에모찌야] — 여 정서, 감정

энерге́тика
[에네르게찌까] — 여 동력

эне́ргия
[에네르기야] — 여 에너지, 힘

эпиде́мия
[에삐데미야] — 여 전염병

эпизо́д
[에삐조트] — 남 에피소드

э́ра
[에라]
[다 나쉐이 에릐] — 여 기원
до на́шей э́ры 기원전

эскала́тор
[에스깔라떠르] — 남 에스컬레이터

эсте́тика
[에스쩨찌까] — 여 미학, 아름다움, 미

эта́ж
[에따쉬] — 남 층, 계층, 사회층

эта́п
[에따쁘] — 남 단계

этике́т
[에찌꼐뜨] — 남 예의, 예절

э́тот
[에떠트]
[에따, 에떠, 에찌] — 대 (여 э́та, 중 э́то, 복 э́ти) 이, 그, 이번, 이것, 그것

эффе́кт
[에펙트] — 남 효과, 효력

э́хо
[에허] — 중 메아림, 산울림

Ю

юбиле́й
[유빌레이]

남 기념일, 기념행사

ю́бка
[유쁘까]

여 치마

юг
[유크]

남 남, 남쪽

ю́жный
[유쥐느이]

형 남쪽의

ю́мор
[유머르]

남 유머

ЮНЕСКО
[유네스꼬]

중 유네스코

юне́ц
[유녜쯔]

남 소년, 젊은이

ю́ность
[유너스찌]

여 젊은이, 청년시절, 청춘

ю́ноша
[유너샤]

여 청년, 젊은이

ю́ный
[유느이]

형 나이어린, 젊은

юриди́ческий
[유리지체스끼이]

형 법률의, 법의

юри́ст
[유리스트]

남 법률가

юсти́ция
[유스찌찌야]

여 사법기관, 사법제도

Я

я
[야]
[미냐, 므녜, 므노이, 므노유, 아바 므녜]

대 (생대 меня́. 여 мне. мной, 조 мно́ю. 전 обо мне) 나, 저

я́блоко
[야블러꺼]

중 사과

явле́ние
[이블레니에]

중 현상, 일
~ приро́ды 자연현상

явля́ться-яви́ться
[이블럇짜–이빗짜]

불완-완 кем-чем …이다, …으로 되다

я́вный
[야브느이]

형 명백한, 뚜렷한

я́года
[야거다]

여 딸기, 산딸기

я́годицы
[야거지찍]

복 엉덩이

я́дерный
[야제르느이]
[야제르너에 아루쥐에]
[야제르나야 리악찌야]

형 핵의
~ое ору́жие 핵무기
~ая реа́кция 핵반응

ядро́
[이드로]
[아똠너에 이드로]

중 핵, 핵심, 중심
а́томное ~ 원자핵

язы́к
[이찍]
[라드노이 이찍]
[이너스뜨란느이 이찍]

남 혀, 말, 언어
родно́й ~ 모국어
иностра́нный ~ 외국어

языкозна́ние
[이직까즈나니에]

중 언어학

яйцо́
[이이쪼]

중 달걀

янва́рь
[인바리]

남 1월

Япо́ния
[이뽀니야]
[이뽀네쯔, 이뽄까]

여 일본
남 япо́нец
여 япо́нка

я́ркий
[야르끼이]

형 빛나는, 밝은, 눈부신, 선명한

я́рмарка
[야르마르까]

여 시장

я́сный
[야스느이]
[야스나야 빠고다]
[야스느이 앗볘뜨]

형 밝은, 맑은, 명백한, 명확한
~ая пого́да 맑은 날씨
~ый отве́т 명확한 대답

ячме́нь
[이츠몐]

남 보리

я́щик
[야쉭]
[무소르느이 야쉭]

남 상자, 함
му́сорный ~ 쓰레기통

Я